宋朝往事系列

耿元骊 主编

熙丰新政

宋朝大变法

王浩禹 著

辽宁人民出版社

© 王浩禹　2025

图书在版编目（CIP）数据

宋朝大变法：熙丰新政 / 王浩禹著 . 一沈阳：辽宁人民出版社，2025.1
（宋朝往事系列 / 耿元骊主编）
ISBN 978-7-205-11142-7

Ⅰ.①宋… Ⅱ.①王… Ⅲ.①北宋历史事件—通俗读物 Ⅳ.① K244.05

中国国家版本馆 CIP 数据核字（2024）第 092665 号

出版发行：辽宁人民出版社
　　　　　地址：沈阳市和平区十一纬路 25 号　邮编：110003
　　　　　电话：024-23284191（发行部）　024-23284304（办公室）
　　　　　http://www.lnpph.com.cn

印　　　刷：天津光之彩印刷有限公司
幅面尺寸：145mm×210mm
印　张：9
字　数：153 千字
出版时间：2025 年 1 月第 1 版
印刷时间：2025 年 1 月第 1 次印刷
责任编辑：赵维宁　段　琼
封面设计：乐　翁
版式设计：一诺设计
责任校对：郑　佳
书　　号：ISBN 978-7-205-11142-7
定　　价：78.00 元

总 序

宋朝往事，如在眼前

后周显德七年，岁在庚申，公元纪年则曰960年。这一年的春节，就在公历1月31日。经过了数十年各方势力混战，天下仍大乱，百姓仍生活在苦难之中（当然，传统王朝盛世，百姓也在苦难之中，乱世倍增而已）。不过，古今一例，大过年的，百姓们假装也要假装一下，麻醉也要麻醉一下，大户小家都欢天喜地，撤旧符，换新桃，祭祖悬影，张灯结彩，宴饮欢唱。无论内忧外患如何，生活总要继续下去。可是，就在中原大地一片祥和的气氛之中，突然——可以说非常非常突然，大年初一，北境传报紧急军情！北汉勾结辽军攻打过来！开封城内，惊慌失措的百姓，惊慌失措的大臣，还有惊慌失措的小皇帝，焦急地一叠声：怎么办？怎么办？

大周，说起来总是中原正朔，且正处蓬勃之际，岂能坐以待毙！必须抵抗，必须派最富军事指挥才能的大将率军抵抗！不过，谁是具有这样能力的大将呢？当然，朝廷知道，百姓知道，只有赵匡胤一人而已。赵匡胤成竹在胸,也不推辞,安排妥当,于大年初三带兵北征。走了一天,来到陈桥驿,夜色降临,驻扎下来。接下来的故事,三尺孩童以上,便无人不知无人不晓了,"黄袍加身"的"陈桥兵变"成为古今耳熟能详的"往事"。显德七年飞速变成了建隆元年,开启了一个全新朝代:宋朝。由此,也就进入了我们想重新回忆的"宋朝往事"。

在中国历史上,"宋"之魅力,独树一帜,让人不停地想起它。提起宋朝往事,很多人都感觉历历在目。那么,以后见者之明,再观察宋代,到底该如何认识宋呢?陈寅恪先生讲"华夏民族之文化,历数千载之演进,造极于赵宋之世",就已经为它定性定向,成为我们认知宋朝的一个基底性叙述了。不过晚清民国以来,学者与世人在外敌入侵的背景下,看待宋朝总是觉得它"积贫积弱",几乎只有陈先生独具慧眼,但是随着世界变化,研究逐步深入,观念多轮更新,世人越发理解了陈先生先见之明,发现宋朝既不贫也不弱,乃至更多强调宋朝有趣又有生机的那一面了。在当代中国人看来,这是一个有意思、有故事的风雅时代。

宋朝文化,偏于"雅致"气象,已经有无数学者指出过了。虽然"西园雅集"其事本身未必完全符合史实,但是"雅集"精神却是宋代真实的"文化心理"。他们吟诗词而唱和,他们抚琴听音,他们绘山水而问禅风,"宋型"文人风貌就显现其中。从对"西园雅集"千年反复阐释与模仿当中,足见其影响之深远。而"雅集"所体现出来的"极简"美学,是宋代高雅文化全部核心所在。扬之水先生说:"抚琴、调香、赏花、观画、弈棋、烹茶、听风、饮酒、观瀑、采菊、绘画和诗歌,携手传播着宋人躬身实践和付诸想象的种种生活情趣。"当然,这种风雅文化,也深深影响到市井文化,推动了市井文化与风雅文化同步大放异彩。甚至或者可以说,在宋人那里,市井文化就是风雅文化的变身。

宋朝经济,以工商流转增值为主要经济运行模式,初步迈向了现代经济门槛。又因为总掌控区域大幅度缩小,外部军事压力过大,财政供给压力倍增,不得不开拓在传统农业经济之外的财政来源,竟有意外收获,也就是发现了一条新经济之路:由工商业繁荣,进而推动生产力提高。手工业和商业贸易,对比前朝,都有了大幅度进步。作为衡量经济发展的一个重要指标,宋常年铜钱铸造数量,比唐代鼎盛高峰期还多出数倍,更不用提出现"交子"这样具有现代化性质的纯信用货币了。当然,受限于诸多因素,并未能或者说完全没可能实现从传统经济向现代经济的惊险一跃。

宋朝政治,在传统时代政治大势中堪称特例。皇帝与士大夫共治天下,不因政治斗争因素随意诛杀大臣,都是宋朝独有特殊之处,因而建立了一种相对开明的政治局面。虽然我们完全了解,宋代政治也有诸多问题,党同伐异,文字狱,争执与整肃似乎也都没少过，但是在整体上观察帝制时代政治进程，完全可以确认，宋朝相对偏于宽松。从整个王朝政治史上观察，两宋还都可以说是独特的存在。而科举取士，更是奠定了读书人在政治上的进取之心，社会流动开了一个虽不宽松但也绵绵不绝的上下交通渠道。有志者，可以通过考试进入统治阶层，自认对天下有责任，亦有担当，"先天下之忧而忧，后天下之乐而乐"。

无论从哪个角度看，宋朝都是奠定中华文化最终形成的重要一环，无宋则不足以言中华文化。不过，普通读者对宋朝的印象，在经历了长期看低之后，则有近180度大转弯。最近数年，欣赏宋朝、研读宋朝、描绘宋朝生活成为影视、阅读、游戏等各类市场的新宠。各类时新或传统媒体，时不时地就弄出个宋代专题，制作了各种各样的音频课、视频课，坊间也在学术著作大批出版的同时，出现了无数种关于宋朝的通俗著述。在关于宋朝叙述大繁荣之时，在这无数种关于宋代的讲述中，为什么我们还要再增加新一种呢？这大概就是因为，宋之魅力势不可当。虽然名家大作珠玉在前，但我们还是想试图提供更多维度给读者进行参考和对比。

如何提供更多维度？孟浩然诗句"人事有代谢，往来成古今"最能代表我们的心情和缘起之思。就是想通过人和事两方面，与读者诸君讨论宋朝独特之处。宋之风雅、政事、富庶，都体现在人和事之中了。没有那些特立独行之人，风雅不可见；没

总　序　宋朝往事，如在眼前

有那些风雅之士行动，政事不可知；没有那些百姓努力创造，富庶无可求。想要全方位观察宋、了解宋，欣赏大宋之美，就请和我们一起来回首"宋朝往事"。

面对浩瀚宇宙，面对苍茫大地，面对漫漫人生，我们内心常常涌起一种深远庄严之感，不由得想去探究和思考。这就是人之所以为人的根本，只有人类才渴盼了解自身，试图了解自己的过往。而有着世界上最长久、最多历史记载的中华民族，算得上是最愿意了解自身历史的族群之一。与历史人物、事件建立起属于我们自身的沟通管路，唯一渠道和办法，就是读史。读其书，想其人，念古人或雄壮或卑微的一生，感慨万千，油然而生一种复杂情绪弥漫胸间。这大概也是想了解历史、阅读历史的普通读者之常有心境。不过世易时移，学有专攻，不可能让有阅读愿望的各行各业读者，都能重新从工具书层面开始入手研读，所以回首"宋朝往事"，十人十事，纵横交织，就是我们所提供的优质的精神快餐。

宋代人物纷繁，我们选择了赵匡胤、赵普、寇准、范仲淹、包拯、狄青、沈括、岳飞、陆游、文天祥十位代表性人物。相信以读者诸君的敏锐度，已经明了我们的选择用意。赵匡胤，开国之君，没有他的布局和冒险一搏，不会有大宋的建立；没有他所奠定的基础，宋朝也许就是那个"第六代"了。赵普是宋朝开国元勋，也是宋初文臣之中较为有名的那一个。他一生三次入朝为相,影响很大。世人知道他,多以那句"半部《论语》治天下"的典故。他长于吏道,善于出谋划策,"智深如谷",开国大政,多依赖于赵普策划。寇准,评书演义中的最佳人物,一句"寇老西儿"牵动了多少我辈凡夫俗子之心!可以说,他就是那个有棱角有缺点的最佳演员。范仲淹,相信没有人不知道其千古名句"先天下之忧而忧,后天下之乐而乐"。几乎每个当代中国人都会反复学习那千古名篇,没有他,宋朝就缺失了一点什么。包拯,明清以后,已经成为中国古代清官杰出代表,是为政清廉、公正执法、断案如神的象征,民间呼为"包青天"。以他为主角衍生出的历史演义、戏剧、小说、影视剧为数众多而历代相传。戏说虽然于史无征,却激起我们窥探历史上包拯究竟是何种模样的极大兴趣。狄青,从一名基层农家子弟应征入伍,出身低微,一无权二无势,通过自己精湛的武功、高妙的指挥能力和优良的人品,以及在国家危难之际奋不顾身的突出表现,成长为接近权力巅峰的枢密使,是底层小人物逆袭的典型,后代小说家甚至以他为主角写成了诸多小说演义作品。传说狄青是武曲星下凡,与文曲星下凡的"包青天"一起享誉天下。沈括,我们了解大书《梦溪笔谈》,更了解他记述下来的活字印刷术。他是那个时代文人的典范,虽然后人未必赞同他为官为人之道,但是都欣赏他作为文人士大夫而能关注普通人技术进步的开放心态。岳飞,更是无数传奇小说中的最优榜样。千百年来,不知道影响了多少英雄豪杰！陆游是伟大的诗人和伟大的爱国者，大多中国学生都学习和背诵过他那首千古名诗《示儿》。一辈子渴望北伐中原，收复失地，但是时代没有给他机会。从宋金和战历史大背景观察，我们才能发现一个真实的陆游。文天祥，更是我们常常耳闻的伟大人物，为了匡扶南宋这座将倾大厦，妻离子散，家破人亡，但依然志向不改、视死如归。伟大的人格力量，在中华历史上铸就了一块无与伦比的正气丰碑，内化为中华优秀传统文化不可分割的一部分。纵观文天祥一生，无负于"人生自古谁无死，留取丹心照汗青"的铮铮誓言。

因人而成事，宋代历史上，几乎每天都有大事发生。这些大事如何走向，以后见之明来看，在历史上就更有关键节点作用了。我们同样选择了十件大事作为代表，算是尝一脔而知一鼎之味。东封西祀、女主临朝、宋夏之战、熙丰新政、更化与绍述、靖康之难、三朝内禅、开禧北伐、襄阳保卫战、崖山暮光是我们选定的若干"大事"。读者诸君当然更明了这十件事在宋代历史上的关键性作用。宋真宗不甘平淡，又缺雄才大略，导演了一场天书降临的闹剧，东封西祀，营造太平盛世，将宋朝引到了一条歧路上，带坏了政治风气，无谓消耗财富积累，导致社会出现重大方向调整。宋真宗的章献明肃刘皇后，最著名的传说就是"狸猫换太子"，而这只是个谎言。事实上，刘皇后作为宋代第一位垂帘听政的太后，她身上的故事远比"狸猫换太子"更加精彩。自宋建国起，宋朝与党项李氏一直保持着友好关系，西部边界也一直处于相对稳定的局面，直到李继迁公开与宋朝决裂。党项李氏逐渐壮大，并建立西夏，发展到足以抗衡辽、宋，三足鼎立，宋朝西部边患不断，几无宁日，漫长曲折的战争故事也陆续上演。宋神宗继位之后，梦想成为一个大有为的君主，强烈想要改变现状。与王安石一遇即合，君臣相得，开启了一条"改革之路"。不过这改革既艰难又复杂，在宋人眼里更如乱来。千载之下，评说仍未有完结之期。宋哲宗继位之后，新法逐渐由改善民生、行政、财政、兵政等大目标，转而成为清除异己与聚敛钱财的工具，丧失了正当性，而这一切还在继承神宗之志旗帜下进行。借着更化到绍述之名，大宋这一艘漏水的航船驶入了更加风雨飘摇的末路。靖康之难，更是一段伤心之史。在繁华富足当中突然崩溃，亦是千年少见之事。再建南宋，久居钱江之畔，临安临安，已再无临意。不过相对长期稳定的政治局面之下，皇位继承这个中国传统政治大难题，在南宋前半期又成为难上加难的超级难题。南宋前四帝，总共见过了四次内禅（高宗为皇子时，见徽钦之禅）。王朝体系下，就没有真正的家事与国事的分别，这一家事国事大难题，搅得政局翻覆，影响极大。再到开禧北伐，只好说它是虚假反攻。韩侂胄大冒险，最终把屠刀留给了自己。而由此导致的政局动荡，让后人感觉平添了几分萧瑟。更不幸的是，蒙古崛起，应对失当，为最终的没落埋下了种子。宋元之间,襄樊大战则是南宋灭亡的关键。让我们一同进入宋末历史世界,看看舞台上主角人物如何抉择,观其言,察其行。在13世纪末欧亚大舞台上,从全球视角看看襄樊之战前因、后果、始末、影响与结局。襄樊大战失败之后,元军继续南下,宋人多路义军闻风而动,试图收复故土,好不热闹。但元军一路直下,鏖战50年,四川最终陷落。宋廷退守崖山,张世杰摆一字长蛇阵,决战一日,十万军民漂尸海上,南宋彻底灭亡。大宋忠臣遗民,以生命为国尽忠,为国招魂。只留待我们后人唏嘘南宋往事,或叹或悲或感慨。以此十事,可见宋朝历史脉络的大关节之处。

以上十人十事,共同构成了"宋朝往事"。知人论世,读人读事,把"人"和"事"立体组合起来,这是我们设想的一种新尝试。希望读者诸君与我们携手,一起走进宋朝,欣赏大宋往事,感慨世事变迁,回到大宋场景中,感受历史长河的孤独前行,回味大宋的波澜壮阔。

本人供职于坐落千年古都的河南大学,日常所居之处,每日教学相长之所,就在开封东北角,宋代遗存的"铁塔"之下。这个位置,大概也是王诜"西园"附近。无论"雅集"是不是真的存在,作为宋文化的象征,早已经名垂千古。在西园与宝绘堂旁,走在千年铁塔之下,不由得会生发出思宋之情,悬想宋人生活之景之情,与二三同志研读宋史,更体悟得"雅集"之趣。也是在这个宋文明萌生的一处所在,在辽宁人民出版社蔡伟先生的盛情邀请下，本人虽不敏，但勇于任事，担下了组织撰写"宋朝往事"工作，幸不辱使命，丛书出版后得到了广大读者好评，故有精装版重印之举。希望我们12人通力合作，能以"轻学术"方式，既保有学术上的严谨厚重，又去掉严格脚注带来的束缚与阅读限制，带给大家一点不一样的阅读体会。感谢陈俊达（吉林大学）、黄敏捷（广州南方学院）、蒋金玲（吉林大学）、刘广丰（湖北大学）、刘云军（河北大学）、刘芝庆（湖北经济学院）、仝相卿（浙江大学城市学院）、王淳航（凤凰出版社）、王浩禹（云南师范大学）、张吉寅（山西大学）、赵龙（上海师范大学）等一众优秀青年学者（以上按姓名拼音排序）接受我的邀请并鼎力支持，一起完成了这项大工程。

我们也知道，坊间已经有很多种宋史普及读物，我们新增这一丛小草，希望它也有长久的生命力。我们贡献全力，虽然通俗，但不媚俗，文字尽量有趣，但是绝不流于戏说，希望能为您的读书生活增添一点真正的趣味。当然，高人雅士，亦望教导指出书中不当之处。您开卷展读之时，希望我们12人没有辜负您，也没有浪费您宝贵的时间，更愿读者诸君与我们一起走进宋朝，知宋，谈宋，理解宋。

耿元骊

2024年3月25日于开封开宝寺塔旁博雅楼

目 录

总　序　宋朝往事，如在眼前　　　　　　　　001

引　子　　　　　　　　　　　　　　　　　　001
 一、先南后北　　　　　　　　　　　　　003
 二、积贫积弱　　　　　　　　　　　　　008
 三、庆历新政　　　　　　　　　　　　　013
 四、危机依旧　　　　　　　　　　　　　020

第一章　君臣相知　　　　　　　　　　　　　022
 一、《上仁宗皇帝言事书》　　　　　　　023
 二、英宗遗憾辞世　　　　　　　　　　　026
 三、神宗继起，渴望变法　　　　　　　　029
 四、"愿二十年口不言兵"　　　　　　　　031
 五、神宗与王安石千古一遇　　　　　　　033

001

第二章　变法出台　　　　　　　　041
　一、艰难的选择　　　　　　　042
　二、富国之法　　　　　　　　047
　三、强兵之术　　　　　　　　059
　四、取士之法　　　　　　　　067
　五、元丰新法　　　　　　　　069
　六、元丰改制　　　　　　　　073

第三章　变法目的　　　　　　　　078
　一、富国富民　　　　　　　　080
　二、尽复汉唐故地　　　　　　087
　三、未尽的使命　　　　　　　119

目　录

第四章　变法争论　123

一、该不该重用王安石　124

二、韩琦的反对　127

三、王安石与司马光的交锋　130

四、王安石与苏轼之争　140

五、王安石与文彦博的斗争　146

六、欧阳修的态度　153

七、苏辙对新法的反对　156

八、"乌台诗案"　158

九、章惇与司马光之辩　165

十、郑侠《流民图》　168

十一、众多非议　172

十二、对争论的认识　184

第五章　变法失败 187
一、"是要变乱天下" 188
二、用人不当 193
三、旧党阻扰 207
四、实施问题 210
五、性格命运 215
六、君臣离心 218
七、两次罢相 224
八、退居金陵 232

第六章　新法落幕 237
一、神宗英年早逝 238
二、王安石之死 244
三、废除新法 250
四、落日余晖 258

尾　声　"千秋功罪，谁人曾与评说" 260

后　记 271

引 子

所谓宋代困境实际是指积贫积弱,指如何在巩固政权、维护统一的基础上,取得对内对外斗争的胜利,实现富国强兵的目的,彻底解决军权问题。历史上的宋代困境,可以溯源到唐代安史之乱。公元755年,安禄山在范阳起兵,十二月攻陷洛阳,这给歌舞升平的唐帝国以晴天霹雳的打击。不久叛军攻陷长安,唐玄宗逃往四川避乱。由此,开始了长达八年的战乱。763年,唐王朝经过一番艰苦卓绝的战斗,扑灭了叛乱的星火,但也是元气大伤,从世界性帝国不断内敛为支离破碎的帝国,最大的后果是导致了藩镇割据。各地藩镇拥兵自重,不奉中央诏令,尾大不掉，抗衡中央。中央无力，也只有听之任之，最终演变为五代十国的纷繁格局，上演了你方唱罢我登台的历史闹剧。五代十国实际上是唐末藩镇割据的延续。

五代十国是一段混乱纷争的时代。后梁、后唐、后晋、后汉、后周，此为五代，十国指的南方政权南唐、吴、吴越、闽、前蜀、后蜀、南汉、南平、楚，以及北方的政权北汉。后梁由朱温创立，朱温原为黄巢大将，黄巢起义失败后，归顺唐朝，后平乱有功，被封为梁王。907年，废唐哀宗自立为帝，改国号为梁，史称后梁。自梁而后，中原地区先后历经了后唐、后晋、后汉、后周的纷乱。最终在960年，后周殿前都检点赵匡胤在陈桥驿发动兵变，黄袍加身，代周建宋，结束了五代纷争的局面，基本上统一了中原地区。

如何避免重蹈五代王朝短命的覆辙，如何完成统一，成为赵匡胤君臣心中的两大考量。也正是这两大问题的困扰，导致了宋王朝的先天不足和营养不良。为了解决五代王朝短命的周期率的历史惯性，赵匡胤上演了杯酒释兵权的把戏，收兵权，加强中央集权。开科取士，重用文人，形成与士大夫共治天下的格局。

宋代立国的形势是，北有契丹的虎视眈眈，幽云十六州被契丹牢牢控制，失去了燕山屏障，北部边疆局势不稳。西北党项人

引 子

游离于宋朝，名为臣服，实则割据，西北门户时有洞开之势。在南方，荆湘、后蜀、南汉、南唐、吴越诸势力雄踞一方。在太原，北汉割据一隅，外依契丹。在内，又有后周遗臣的叛乱。真的是危机四伏，异常凶险，用烂摊子来形容一点也不为过，随时都有可能重蹈五代短命王朝的覆辙。但卧榻之侧，岂容他人鼾睡？于是，宋太祖、宋太宗兄弟开始了艰难的统一战争。

一、先南后北

完成统一是北宋王朝背负的历史使命。想要完成统一，首先需要平定后周遗臣的叛乱，然后才能着手统一。如何统一，采取何种方针和战略，也是考验北宋君臣的又一大问题。

在平定李重进、李筠等内患后，赵匡胤开始着手统一全国。为了统一，在一个大雪纷飞的夜晚，赵匡胤来到宰相赵普的住处。赵普见皇帝雪夜来访，慌忙出迎，问道："天气大寒，陛下有什么急事召臣吗"？赵匡胤说："朕睡不着啊！一榻之外，皆是他人的地盘，你看此事如何处置？"

赵普说："陛下得有天下，南征北战正是大好时机，想必已经成竹在胸了吧？"赵匡胤答道："朕以为北汉当先取之。"赵普沉思半晌，然后漫不经心地说："非臣所知。"在太祖的追问下，他才叙述了一番道理。赵普说："北汉虽地近汴京，但地处西、北二边，若一举取下，则边患我独当之。应当暂且留着它，等平定其他诸国之后，回过头来削平北汉。其弹丸之地，何以逃脱！"太祖听后哈哈大笑，说道："这正是朕意呢！刚才那番话是想试试卿的。"

关于如何开展统一战争，赵匡胤反反复复地征求臣僚们的意见。在赵匡胤的心中，最终明确了"先南后北"的战略，就是先打南方和西南方的割据政权，后灭北汉，避免在统一战争中南北受敌。

建隆三年（962）九月起兵，太祖先后挥师攻灭荆湘、后蜀、南汉。荆湘地区为荆南、湖南两个割据政权。荆南治江陵，今湖北荆州市，为高氏所有，是五代十国时期闽亡前诸割据政权中最为弱小的，又处于四战之地，却能自立数十年。荆南地处长江中游，战略地位极为重要，占有荆南，对南取湖南、西讨西蜀、东攻江南（南唐），极为有利。因此，夺取荆南才成为宋太祖统一战略中优先考虑的目标。建隆元年（960）八月荆南节度使高保融死后，宋太祖派兵部尚书李涛前往吊唁，乘机探问虚实。但宋太祖以为时机尚未成熟，迟疑之下，直到次年九月才下诏以高保勖为荆南节度使。建隆三年（962）十一月中旬，高保勖病死，长子高继冲立，时值衡州刺史张文表叛乱，湖南割据者周保权向

引　子

宋求援，宋太祖想乘机吞并荆南、湖南，于是派卢怀忠以吊唁高保勖为名，先往荆南了解情况。临行前，宋太祖对卢怀忠说："江陵人情去就，山川向背，我尽欲知之。"卢怀忠回来报告荆南情况后，宋太祖决定乘出兵湖南之际，以借道为名先取荆南。乾德元年（963）正月初，宋太祖派卢怀忠与其他军官率步骑禁军数千人，前往襄州（今湖北襄阳）。二月上旬，宋军到达荆门（今湖北荆门），荆南节度使高继冲派人前往犒师，李处耘乘夜率轻骑数千袭占江陵。高继冲被迫投降，荆南平。宋军在平定荆南后，日夜兼程向湖南首府朗州（今湖南常德）进发，大败周保权军于岳州北三江口，攻占岳州（今湖南岳阳），湖南军望风奔溃。三月下旬，宋军到达朗州，守城军纵火烧州城后出逃，宋军进入朗州。周保权出逃，后被宋军俘虏，湖南平定。

宋军迅速占领荆湘，引起了后蜀皇帝孟昶的惊恐，"欲遣使朝贡"以表示臣服，因遭到臣下的反对而作罢。而宋太祖多次向翰林医官穆昭嗣询"问蜀中地理"，早"已有西伐意"。

乾德二年（964）十一月，后蜀派密使前往北汉，欲勾结北汉以攻宋。途经宋京开封时，后蜀密使向宋告密，宋太祖看罢密信后高兴地说："吾西讨有名矣。"随即任命名位较低的宿将王全斌为西征军（北路军）的主帅，侍卫步军都指挥使崔彦进为副帅，枢密副使王仁赡为都监，又以侍卫马军都指挥使刘光义为偏师（东路军）主将，枢密承旨曹彬为都监，分路进讨。至乾德三年（965）正月，王全斌率宋北路军主力到达成都，后蜀皇帝孟昶出降，后蜀亡。

南汉由于远离中原，加上荆湘的阻隔，得以安处广南。宋朝建立，南汉也不表臣服而称帝如故。此时，宋军虽已南吞荆湘西平后蜀，但仍无力顾及南汉，只希望南汉臣服。由于南汉自恃其远离中原，因此对宋朝的态度很傲慢。开宝二年（969），宋太祖在北伐北汉失败后，把目光投向了南汉，决心灭南汉。九月下旬，宋军大举南下，很快击败了南汉军队。至开宝四年（971），南汉之君刘𬬮出降，南汉灭亡。

南唐是南方割据政权较为强大的势力之一。经过后周世宗多次南征后，南唐遭到了很大程度的削弱，被迫臣服，去帝号，称国主，割江北地予后周。宋太祖当时作为后周将领，亲历征战，深知南唐国力，未易轻取。再加上南唐对宋朝的恭敬态度，使宋太祖一时找不到更好的借口重开战端。同时，又担心南唐与吴越联合，这样就十分不利于宋军进攻南唐。在做好吴越的工作后，宋太祖于开宝七年（974）派曹彬为主帅，南下攻南唐，主力由江陵东下；吴越由东南向攻南唐，同时派丁德裕为先锋，实为监军，使南唐东西两面受敌。宋军自荆南东下，水陆并进，连克池州、芜湖、当涂，进屯采石矶，击败南唐军，俘千余人。开宝八年（975）正月，宋军进攻南唐首府金陵（今江苏南京），吴越兵也进至常州城下。宋军虽屡胜，但由于南唐坚壁抗击，历时半年多，仍未能攻下金陵。宋太祖萌生退兵之意，但最后坚持下来。至开宝八年（975）十一月后主李煜出降，南唐亡。宋灭南唐之战，是剪灭南方政权最为艰难的征战，整个战争中，宋军遭到了南唐军民的顽强反抗，进军很是艰难。

赵光义是宋太祖赵匡胤的弟弟，在宋太祖发动陈桥驿兵变过程中发挥了重要作用。后来宋太祖不明不白地死去，赵光义登基为帝，是为宋太宗。其继位后，继续对南方用兵，在太平兴国三年（978），迫使吴越"纳土归地"，完成了统一南方的大业。吴越本也是属于南方割据政权中比较强大的一方，自宋朝建立后，吴越与宋朝的关系密切，对宋朝言听计从。由于跟随宋朝灭南唐，便失去了联合南唐对抗宋朝的机会，因此，吴越只好选择乖乖地献土归降。宋朝兵不血刃地统一了吴越。

南征诸事顺利，北战却困难重重。宋太祖曾在灭蜀后，于968年，乘北汉内乱，强攻太原，却久攻不下。翌年，赵匡胤亲征太原数十天，因契丹助北汉，被迫退兵。976年，赵匡胤再度收兵攻北汉，但因太祖不久后突然去世，北宋军队阵脚大乱。后来宋太宗赵光义继位，召回了北伐之师。北汉多次征讨未下，证明了"先南后北"战略的正确。后来宋太宗不得不接受这样的现实，在完成了对南方割据政权的统一后，于太平兴国四年（979），再次发兵进攻北汉，在接受以往教训后，同时派兵阻击契丹援军。这年四月，宋太宗亲临太原城下督战，太原久困无援，被迫投降，北汉灭亡。

历经19年，经两代君主的励精图治，终于结束了唐末以来"五代十国"分裂战乱的黑暗历史，初步实现了一统河山的理想。但这种统一是局部的统一，幽云十六州还被契丹人占据，契丹以强大的实力雄踞北方，西北的党项人也有着不可小觑的实力，此时的中国，实际上是中国历史上的第二次南北朝时期。钱锺书说宋人的版图是七尺帆布帐，形象地概括出了宋代版图的狭小，远不及汉唐盛世。对于这种局面，宋人多少是不满的，在王安石看来是要打破的，所谓尽复汉唐故地，中国的统一是要包括吞灭契丹和西夏的，这样才能建立大一统的帝国。

二、积贫积弱

宋代积贫积弱主要体现在军事上的弱小和财政的贫乏。由于

引 子

宋初开国,在制度建设上给宋代埋下了积贫积弱的祸根。北宋建立后,采取了强化集权和守内虚外的政策,这个政策实行的目的是防止分裂、战乱和巩固统一,避免重蹈五代短命的覆辙。

有一天,宋太祖问赵普:"天下自唐末以来,数十年间,帝王凡易八姓,战斗不息,生灵涂炭,这是为什么?""有什么办法可以平息天下兵事,建国家长久之计?"

赵普说:"陛下问及这些,真可谓天地神人之福啊!前朝造成分裂战乱局面的原因不是别的,关键是方镇(指藩镇武将)太重,君弱臣强而已。要想治理那些拥兵自重的武将,防止他们为患,只需要稍夺其权,制其钱谷,收其精兵,天下自然也就安定了。"

宋太祖听后,十分满意,连连说:"卿不必再说了,朕已全明白了。"防止藩镇割据的悲剧重演,就需要收兵权和财权,牢牢控制地方。从建隆二年(961)春天开始,宋太祖下令把殿前都点检慕容延钊罢为山南东道节度使,又罢侍卫亲军都指挥使韩令坤为成德军节度使。从此以后,宋代皇帝直接掌管了禁军。

接着,皇帝又把节度使兼领的"支郡"收归中央管辖,由中央派文官到这些地方出任"知州""知县",三年一换。地方官不仅由中央委派,而且直接向中央负责,不再受节度使节制,这就加强了中央对地方的直接控制。

削夺和剥夺节度使和地方官的兵权,收入中央,防止地方尾大不掉。为此,宋太祖还下令地方上把骁勇善战兵士选送到京城补为禁军,并以强壮兵卒作"兵样",送到各地去招募和挑选符合"兵样"者进行训练,然后再选送京城充当禁军。地方军队中武艺好、身体强壮的兵士被抽到京师,编入中央军,剩下的老弱,就自然完全无力与中央军抗衡了。

建隆二年(961)七月初九,宋太祖宴请石守信、王审琦、高怀德等拥有重兵而又功劳卓著的大将。宴席之中,宋太祖劝他们享受生活,多置办些良田美宅,为子孙立永远之业;多买歌儿舞女,天天饮酒相欢以终天年。君臣之间约为婚姻,两无猜疑,上下相安。太祖酒席上的一番肺腑之言,内心独白,使众大臣皆言酒醉,纷纷告辞。翌日,竟以病重为由,石守信、王审琦、高怀德、张令铎、赵彦徽等将军先后上表,要求解除军职,上演了一出杯酒释兵权的历史剧。

为加强对军队的控制,防止将领拥兵自重,宋太祖接受赵普的意见实行更戍法,兵无常帅、帅无常兵、将不知兵、兵不知将的局面,严重降低军队的战斗力,导致北宋在对辽和西夏的战争中处于劣势,军队更加贫弱不堪。同时,一遇到天灾人祸,为了安置流民,避免流民造反危及北宋王朝的统治,政府招募流民为

引 子

兵，由此，进一步造成了冗兵现象的出现。同时，为了加强中央集权，削弱兵权，北宋开创了以文官压制武官的制度，重用文人，以文治国。强化皇权，削弱相权及大将的权力。在经济上，削弱地方的财权，统一收归中央，消灭地方藩镇割据的经济根源。这样达到了收兵权、财权、政权的目的。

北宋积弱主要表现在对辽和西夏战争中的屡屡败北。自北宋建立后，宋与辽的战争处于绝对劣势。宋太宗在攻灭北汉后，着手解决幽云十六州的问题。太平兴国四年（979），宋军进攻幽州（今北京市），幽州当时为辽朝的南京。开始，辽军毫无准备，宋军进军顺利，相继收复了岐沟关和涿州、顺州、蓟州。然而在攻打幽州的时候，遭到了辽军顽强抵抗，城池久攻不下，辽朝又派大将耶律休哥驰援幽州，宋辽两军在高粱河一带激战。由于宋军连续作战，人困马乏，士卒战斗力下降，战局朝着不利于宋军的方向发展，辽军直攻宋太宗军亲兵卫队，形势危急，亲兵卫队拼死保护皇帝冲出重围，宋军连夜退到涿州。辽军趁宋军退却，追赶宋军至涿州，宋太宗被辽军一箭射中脚，慌忙中乘着驴车仓皇逃遁，狼狈至极，不敢回望。宋军大败，死伤无数。此战，充分暴露了宋军的致命弱点，也成为宋辽战争的转折点，从此，宋辽战争中辽占据了主导地位。虽败北，但并没有磨灭宋太宗收复幽云十六州的意志。雍熙三年（986），趁着辽国幼主初立，朝野不稳，宋太宗发兵三路北伐，起初三路大军进展顺利，后遭到辽军反攻，东路军败北，中路军不得不退回宋境，西路军为保护内附百姓，损失惨重。宋军北伐再次失败，对辽作战的意志遭到瓦解，从此不敢北向，犯上了恐辽症。辽军不断骚扰宋境。至宋真宗时期，辽大举侵宋，深入到北宋统治的腹地和中心，幸赖寇准极力主张真宗御驾亲征，才扭转了宋军的颓势。辽军孤军深入，也得不到多少便宜，辽朝意识到一时也无法攻灭宋朝，宋朝也无法攻灭辽朝，于是，在这种氛围下，宋辽双方签订澶渊之盟，大体维持了双方的均势，宋辽大体处于和平态势，但是宋需向辽进献岁币。辽宋约为兄弟之国，互派使者，中原王朝天下共主的局面被打破，宋辽成为天下共主，这严重伤害了宋人的自尊心。

党项人的问题是唐代藩镇割据的延续。北宋立国之初，党项人基本臣服，宋太宗时期党项人开始有自立的行动，随即宋与党项之间战争开始，互有胜负。至宋真宗时期，党项人又开始臣服于宋。至宋仁宗时期，党项人自立趋势加剧，李元昊开始了建国的行动。宝元元年（1038）十月，李元昊称帝建国，国号夏，史称"西夏"。李元昊的僭越行为，引起了宋廷的极大不满。与此同时，李元昊不断加强对宋西北边境的进攻。从此拉开了长达5年的宋夏战争，宋军经历了三川口之败、好水川之败、定川寨之败，三大战皆败北，损兵折将，耗费巨资。至庆历四年（1044）宋夏签订和约，以巨额的岁赐，李元昊取消帝号受宋册封为"夏国主"为代价和条件，双方战争暂告一段落。宋夏战争充分暴露了北宋的积弱。战争的巨大消耗和岁赐以及辽趁人之危，借机勒索宋朝增加银10万、绢10万匹的岁币，更加剧了北宋王朝财政的窘迫。然而最高统治者宋真宗为了粉饰太平，大搞封禅、祥符之说，劳民伤财，进一步加剧了北宋财政危机，加剧了北宋积贫积弱的状况。

积弱的表现在军队战斗力低下，根源在于削弱兵权、重文轻武。

宋代虽然商品经济发达，但是国家财政日渐困乏。由于冗兵、冗官、冗费的问题存在以及对辽的岁币、对西夏的岁赐负担，北宋政府财政短促。庞大官僚集团的供养，庞大军队的供给，给北宋财政造成了巨大的压力，形成了财多而贫、官多而庸、兵多而弱的局面。北宋士大夫中的有识之士注意到了这个问题，急切想改变财政困局。这种财政困局，在宋仁宗时期达到了顶点，成为士大夫改变困局、进行改革的重点。

三、庆历新政

北宋立国半个多世纪以来，对契丹和西夏的战争败多胜少，这对于一个王朝的尊严来说，是相当大的打击，可谓王朝的颜面扫地。汉唐雄风的高峰立在那里，到宋代怎么就这样了呢？这是有着尊王攘夷思想和抱负的北宋士大夫所无法想通却不得不承认的事实。宋代商品经济发达，怎么会出现了国家财政的深重危机呢？这是许多饱学之士所无法接受的事实。至于是什么原因导致了北宋积贫积弱，其根源在哪里，其实根源就在北宋的立国体制，造成了这两大毒瘤。北宋立国之后，为了避免重蹈五代短命的覆辙，加强了中央专制集权，从政治制度、军事制度、财政制度、文化制度等方面加强了国家的控制，而为了加强国家控制，需要大量官员和军队，这样就加剧了国家的财政负担，出现了冗官、冗兵、冗费的局面。从而导致了北宋王朝的统治危机和社会危机。如何革除这些问题，成为北宋统治者忧心忡忡的大问题。这种背景下，士大夫穷极思变，皇帝也渴望改变现状。

北宋王朝深刻的统治危机，在宋仁宗时期达到了一个新的高度，改革、变法成为当务之急、燃眉之急。宋仁宗作为一个有为之君，作为一个口碑很好的皇帝，他也是渴望变法、渴望变革的。北宋士大夫也有不少人把改革、变法的希望寄托在他的身上。于是，一群忧国忧民的文人士大夫相继提出了他们变革的主张。

与欧阳修一起编纂《新唐书》的宋祁从经济改革入手，提出了"去三冗三费"的主张,所谓的三冗,一是政府官员没有限员,这是一冗也;二是天下厢军不能胜任作战而耗费大量物资,这是二冗也;三是宗教人士僧尼道士日益增多而无定数,这是三冗也。他说三冗不去,国之不为国。他要求革除"三费",即道场斋醮、寺观、使相节度,都属于徒耗钱财的虚缛礼仪。宋祁的意见具有一定的代表性,但也只是治标不治本的方案。

铁面无私的包拯也提出了改革的主张。他在《论冗官财用等》奏章中,明确提出了裁减冗兵、冗吏、节减用度的主张,劝谏宋仁宗不应因循守旧,应当"锐意改图"。针对腐败的吏治,他要求明赏罚、抑侥幸、革除弊政。包公改革的方案,充分体现了他铁面无私的一面,触及了官僚阶层的核心问题。

作为重要的官员,枢密副使富弼也相应提出了改革主张,是一位积极倡导改革的革新者。他提出:"国用殚竭,民力空虚,徭役日繁,率敛日重,官吏猥滥,不思澄汰,人民疾苦,未尝省察。"主张进行官员改革。

一代文豪、宋代文坛领袖欧阳修,此时虽职位不高,却"位卑未敢忘忧国",成为士大夫"以天下为己任"的典范。他指出当今天下战事没有平息,赋役繁重,百姓嗷嗷待哺,家园遭到破坏,挽救百姓于疾苦之中,其首要任务是需选择才能卓著的官吏，说明吏治改革是变革的关键。

宋仁宗上台以来，改革呼声很大，宋祁、包拯、富弼、欧阳修纷纷提出变革的主张，连一向被视为保守派的吕夷简都认为要在八个方面进行改革：正纲纪、塞邪径、禁货赂、辨佞壬、绝女谒、疏近习、罢力役、节冗费。可以说，改革的风气浪潮在北宋朝野开始泛起，此起彼伏，舆论声势日盛。

在庆历新政的改革浪潮中，范仲淹的改革最终掀起了很大的浪花，范仲淹也成为改革潮流中的中心人物。

而对于这位北宋赫赫有名的大人物，我们更多的是从他的《岳阳楼记》中了解到的他是一位"先天下之忧而忧，后天下之乐而乐"的人。范仲淹是苏州吴县人，即今天的江苏省苏州市人。其祖上本是官宦之家，两岁时丧父，后母亲改嫁，家道中落。他刻苦读书，画粥充饥，最终于宋真宗大中祥符八年（1015）登进士及第，步入仕途，时年27岁。在地方官任上，重视兴修水利，创办学校，关心百姓疾苦，获得清正的名声，随后被荐入朝为官。其性格耿直，不畏权贵。景祐三年（1036）因批评宰相吕夷简，被指责为离间君臣，被罢了官，却得到了欧阳修、尹洙的支持，欧阳修专门为范仲淹辩诬，写了《朋党论》一文。

至庆历年间，长期受到吕夷简排挤的范仲淹，在陕西防御西

引 子

夏的战争中名声大震,陕西安抚使王尧臣上书朝廷举荐范仲淹。此时,吕夷简已经失势,被一度罢黜的欧阳修、尹洙等人也先后被召回朝中任职,沉闷的政治空气开始随之活跃起来。

在士大夫不断要求改革呼声中,庆历三年(1043),吕夷简被罢相,欧阳修、余靖、蔡襄等人被任命为谏官,韩琦、富弼等为枢密副使,范仲淹被任命为参知政事(副宰相)。朝堂焕然一新,革新派占据主要地位。同年九月,在宋仁宗的诏令下,范仲淹开始了改革。

范仲淹在综合各方变法主张后,当月就草拟了一份系统的改革方案,《答手诏条陈十事》,主要内容是:明黜陟、抑侥幸、精贡举、择长官、均公田、厚农桑、修武备、减徭役、覃恩信、重命令。这些变法内容,集中了当时要求变革的主要意见,其核心是改变以往文官三年一升、武官五年一迁的"磨勘法",要求对官员进行严格的考试,按政绩好坏决定升降,以革新官场上"人人因循,不复奋励"的弊病。另外,要求改变恩荫官员冗滥、官宦子弟与"孤寒争路"的状况;并且建议改革科举"专以词赋取进士,以墨艺取诸科"的旧办法。为了有效地选拔有才干的人,要求"教以经济(经世济民)之业,取以经济之才",使有经世致用的人才补充到统治阶层来。再就是中央对地方官的委派往往

"不问贤愚，不较能否"，地方管理素质太差，建议今后要由中书省和枢密院负责严格选择地方官，以革新吏治。均公田、厚农桑、减徭役等条，有利于保护生产的发展和赋役的均平。修武备主要是在京城即附近招募5万人戍守京都以助正兵，因为当时对西夏的战争迫使重兵调往西北，京师空虚。覃恩信和重命令主要要求朝廷言而有信，颁布的条法就要落实，以取信于民。

在范仲淹条陈十事的前后，富弼也上"安边十三策"和当务之急的十几条革新建议。韩琦先奏七事，又条陈救弊八事。这些都是对范仲淹所陈十事的补充。他们的目的在于通过革新吏治，加强官僚政府的管理职能，以维护统治秩序的稳固。

宋仁宗基本接受了这些建议，从庆历三年（1043）十月到庆历四年（1044）五月，陆续以诏令形式将革新办法颁行全国，付诸实施，史称"庆历新政"。

大凡改革，必然触动既得利益集团的利益，他们往往都是改革的反对者，而且往往也都是手握重权的人。范仲淹调阅各路转运使的名册，把庸碌无才者勾去，并且派了几个能干的人前往各地考察地方官吏。这一举动，不仅使朝野震惊，连改革派的富弼也不以为然。富弼犹豫地对范仲淹说："范公你这么画下一笔，焉知他要一家痛哭呢！"范仲淹坚定地说："宁可一家哭，以免

引　子

一路哭！"由于范仲淹的坚定，一些贪官污吏"望风解去"，新政取得了初步成效。

这样一来，朝中那些反对派再也坐不住了。先是宰相章得象起来反对，他策动一些谏官，弹劾范仲淹等人结成"朋党""怀奸擅权"，极尽毁谤之能事。夏竦更是不择手段地进行栽赃，他让女奴模仿拥护新政的官员石介的笔迹，写了一张废立皇帝的诏书草稿，声言是石介代替富弼写的，到处散布，以便激怒宋仁宗，而置改革派于死地。

中伤、诽谤使范仲淹、富弼深感压力重重，壮志难酬。他们要求离开中央到地方任职为官，以避锋芒。宋仁宗也因受到流言的蛊惑，降低了推行新政的热情，开始产生了动摇，放弃对变法派的支持，同意放范、富二人赴外任。庆历四年（1044）六月，范仲淹出任陕西、河东宣抚使；八月，富弼也任河北宣抚使。次年，他们又遭到贬黜。朝中支持"新政"的官员，大多也被贬到地方。庆历新政仅仅持续了一年左右就偃旗息鼓了。推行了一年，但成效不大，宋代社会根本性的结构问题，国家制度设计并没有得到合理的解决。

庆历新政虽然失败了，但是宋代士人风骨都得以振奋。关心政治，以天下为己任的社会风尚，使那些有远见卓识而又胸怀大志的士人们，更激发出强烈的政治参与意识。

昙花一现的庆历新政过去20年后，宋仁宗和他的继任宋英宗与廷臣间的争执表面缓和了。特别是改革派代表人物范仲淹带着他的未酬壮志，于皇祐四年（1052）溘然长逝后，改革风潮因新政的"流产"而宣告平息。然而严重的社会危机并未因此而减缓，暂时平静的表层下，正孕育着更大规模的革弊图存的新浪潮。

四、危机依旧

庆历新政的目的是要改变北宋王朝长久以来积贫积弱的困境和现状，然而事与愿违。庆历新政如昙花一现，并未从根本上改变北宋积贫积弱的局面，并未缓和社会矛盾，北宋王朝的危机依然存在。宋朝西北的边患并没有减少，李元昊虽然表面上俯首称臣，实际上获得物资以备与宋军重新开战，而北宋王朝由于面临辽的威胁，不能深入西夏境内剿灭之，只能是用钱买来和平与安定，但总是事与愿违。因此，宋廷不得不增加士兵，扩充军队。冗兵问题更加严重，至宋仁宗庆历年间，宋军人数陡增至125万多，比北宋建国初期多了100多万。如此庞大的军队，军费开支是一个大问题。这严重增加了百姓的负担。本想要通过革新解决的冗兵问题，反而更加严重了。

引子

此时，人民的叛乱也时有发生。比较典型的是荆湖南路及广南少数民族地区，时有叛乱发生，其间规模最大的是侬智高叛乱。皇祐元年（1049）九月，侬智高起兵攻掠广南西路邕州（今广西壮族自治区南宁）地区，攻占横山寨。皇祐四年（1052）五月初，侬智高攻占邕州，称帝改元。至皇祐五年（1053）正月，狄青率军平定了侬智高之乱。叛乱虽然是平定了，但北宋王朝耗费了巨大的财力物力，进一步加剧了国家财政危机。而其他的大小叛乱也颇多，社会矛盾依然没有得到很好的解决。

到宋仁宗执政晚期，冗官、冗兵、冗费，积贫积弱的现状变得更加严重。社会的不安定和外患的强大压力，迫使北宋王朝在内外交困的夹缝中开始认真思考如何改革弊政的问题了。

宋仁宗去世不久，养子赵宗实继位，是为宋英宗。由于宋英宗早期的压抑，也很想有一番作为，改变北宋积贫积弱的困局，然而天不假年，英宗在位不到四年就去世了，留给继任的神宗皇帝的依然还是一个财政危机严重、积贫积弱的王朝。如何改变困局，成为对年轻的神宗皇帝的重要考验。北宋王朝这艘大船何去何从，命运如何，需不需要再次进行变法？时势造英雄，谁又会出来领导这场新的改革呢？这样的变法其结果又会怎样呢？我们要留待后面的历史来做详细的交代。

第一章
君臣相知

王安石是江西临川人,生于宋真宗天禧五年十一月十三日辰时,即1021年12月18日辰时。父亲王益,当时为临江军判官,其父对当官也不是很追求;母亲吴氏,是有文化知识和卓识的妇女,在传统社会是很少见的。吴氏为临川金溪大族。少年的王安石就表现出治国平天下的抱负。宋仁宗庆历二年(1042),王安石中进士,本是状元,却因考卷中有"孺子其朋"之语,使得仁宗不高兴,与第四名杨寘互换。其后一直在地方上任官。

宋仁宗庆历二年(1042),王安石中进士后,一直在地方任官，先后被委派为签书淮南东路节度判官厅公事，庆历七年（1047）改任明州鄞县知县。在任的三年内，通过发展农业生产，"起堤堰，决陂塘，为水陆之利"，在鄞县的发展上取得了一些成绩。为了使中下等农户免受豪强的盘剥，在青黄不接之时，王安石把县里的存粮贷给受灾农户，等到秋收后，只需要加少量利息偿还即可，这样既可以减少农民的负担和压力，而县府的存粮又得以更新，两者相得益彰。后世史学家认为，王安石在鄞县的施政是熙丰新法的缩影，换句话说，熙宁变法有着鄞县施政的影子。鄞县任满后，王安石被任命为舒州通判，其后知常州，不久提点江南东路刑狱，由于王安石母亲年迈多病，需要照顾奉养，他是很不情愿到饶州（今江西鄱阳县）任该职，不过，最终还是去了。这是王安石早年为官的一些经历。

一、《上仁宗皇帝言事书》

嘉祐三年（1058），王安石被任命为朝官，任三司度支判官，虽然王安石也不想任朝官，还是希望继续在地方任官。为了能在地方任官，王安石给时为宰相的富弼写了一篇《上富相公书》，表达他不愿跻身朝列，愿为地方官的志向。不过这种愿望肯定是不会被满足的。王安石不得不就任三司度支判官。也就在三司度支判官任上，王安石写下了《上仁宗皇帝言事书》(以下简称"《言事书》")，进献给在位已30多年的仁宗皇帝。也有人指出《言事书》是王安石在提点江东刑狱时所作。在这个《言事书》中，王安石提出了改革的思想。《言事书》指出了北宋严峻的国内形势和民族矛盾，并挖掘了问题的根源，提出了改变法度的思想，实际上要从制度上进行根本改变，而不是单纯的法律制度。注重分析了当时北宋社会危机的症结就是任官无道，早就不合"先王法度"了，由于官员任用有问题，导致国家财政困难，理财无道，"殆以理财未得其道"，"因天下之力以生天下之财，取天下之财以供天下之费，自古治世未尝以不足为天下之公患也。患在治财无其道耳"。所以他认为"方今之急，在于人才而已"，只有选用贤才，才能达到国家大治。

因此，王安石还提出了在"教之""养之""取之""任之"四个方面选拔和培养人才。王安石进一步认为"夫教之、养之、取之、任之，有一非其道，则足以败乱天下之人才，又况兼此四者而有之？"实际上指出的是要四者兼顾才能培养出更好的人才，如此可以培养造就能够胜任的政治、军事、财政、经济等方面的人才，用以改造整个官僚体制，使其能适应变法革新的北宋王朝现实局势的要求。

不过，王安石的改革热情并没有被最高统治者宋仁宗和当朝宰执大臣所注意和接受，只是流传于世，享有极高的声誉。虽然个中原因很多，根本上还是没有获得最高层的认可。

王安石的《言事书》，只是他的政治试探，他并没有想出来主持变法，其实更是没有做好出来主持变法的心理准备。因为，此时仁宗朝堂之上，大臣名臣云集，有著名的范仲淹、欧阳修、富弼、文彦博、司马光、曾公亮、张方平等，他们大多身居要职，其名望足以使充满新思想的青年人望而却步。而王安石本人的性格，也决定了他不甘屈于人下。同时，仁宗朝相对平稳和保守，他的改革思想与当时的朝野氛围是格格不入的。因此，王安石是在等待能懂他、懂他新思想的君主出现。《言事书》只不过是他对现状的担忧，对国家前途命运的担忧，是一个知识分子的家国情怀罢了。

需要指出的是，《言事书》所表现出来的锐意改革的思想，实际上是熙丰新法的先导。虽然没有被仁宗采纳，却影响范围广、程度深。对这时还是皇孙的神宗产生了很大的影响，使他开始崇拜王安石。这对于神宗与王安石君臣相知、神宗起用和重用王安石或多或少起了作用。

二、英宗遗憾辞世

英宗原为濮王允让世子，按照封建王朝继承关系和封建伦理纲常，本是没有任何机会和希望继承大统的。然而历史开了个玩笑，被尊为仁宗的赵祯没有儿子继承皇位，这对于一个受到士大夫喜欢的皇帝来说，无疑是最大的打击。作为一个正常人，谁都不愿权力花落他家，何况是作为一个帝王，有子嗣承袭大统是多么重要啊。

然而，为了维持宋王朝的大统和谱系、血统，尽管宋仁宗很不情愿，但还是跨出允许血统较近的亲王世子继承大统的艰难一步。这样，濮王的儿子们进入了宋仁宗和北宋王朝官员的视野。

英宗本名赵宗实，宗是他的排行字。他的爷爷元份和仁宗的父亲真宗是亲兄弟，都是宋太宗赵光义的儿子，真宗排行老三，元份排行老四。实际上，英宗的父亲濮王和仁宗是堂兄弟，英宗是仁宗的再堂侄。这是仁宗所能找到血缘关系最近的男性继承人。嘉祐八年（1063），宋仁宗驾崩，带着无限的不甘心离开了他帝国、他的皇帝宝座。"备胎"皇子转正为皇帝。

由于宋英宗的出身和登上帝位的艰辛，使他特别希望做出成绩来，以告诉世人，他是合法的、理所当然的皇帝继承人。他非

第一章 君臣相知

常希望能对朝政积弊进行一番改革，在他统治时期，北宋社会危机更加尖锐。治平二年（1065）财政赤字达1500万缗，如此大的财政赤字和危机，如何应对，不得不说这是一个非常棘手和迫切的问题，可以说不进行改革是没有出路的。

忧心忡忡的宋英宗向大臣寻求改革弊端、挽救王朝危机的良策，然而并没有得到大臣们的积极响应。即使是在庆历改革时期意气风发的富弼，当英宗询问他如何改变现状的时候，他却说要慢慢来进行改变，言下之意，就是不要着急。由此可以看出富弼的心灰意冷，也许是他还没有从庆历改革失败的阴影中走出来吧。富弼如此，其他大臣就更是如此了，似乎英宗没有什么大臣可以指望了，不过，英宗还是想着如何改革弊端。史书说英宗"有性气，要改作""志在有为"，因此他提出"积弊甚众，何以裁救"，表现出了英宗改革的想法和决心。

只不过，濮王一事，却让朝廷大伤脑筋。如何对待皇帝的亲生父亲，如何给他名分，成为撕裂朝堂的雷区。英宗是以养子的身份继承大统，他已故生父濮安懿王的地位如何彰显，仁宗的丧事怎么办。围绕这个问题，朝廷开展了一场旷日持久的讨论。围绕这场大战，分成了两派，一派是以欧阳修、韩琦等元老大臣为主，一派是以司马光为首的新生势力。欧阳修一派主张英宗对濮王应当保留父亲的称呼和名义,司马光一派则主张英宗应当称呼濮王为"皇伯"。双方各持己见,相持不下。但是很显然,司马光一派的主张是不符合英宗的意思和想法的。最终,司马光一派受到打击,很多人都被贬谪。濮王的问题消耗英宗很多时光,本来他的身体就很不好,他想的有所作为也受到这件事情的钳制。为此,他经常和皇太后怄气,导致他们之间关系紧张。

而此时,大宋王朝的危机却日趋严重,内忧外患。因此英宗面对仁宗留给他的帝国,他也想改变现状。可惜天不假年。英宗虽然志在有为,但没有得到臣下积极有力的反响,加上他常年犯病,无法处理大政,最终带着他试图改革的美好愿望,执政四年就驾鹤西去了。这不得不说,英宗留下了很多遗憾,而他的遗憾需要依靠他的儿子神宗来实现了。因此,神宗继位后,之所以那么迫切想要改变现状,除了国家积贫积弱的现实外,还有其父皇的抱负在里面。作为人子,理当遵照先父之遗志,奋发有为,成就一番大事业。这也许就是神宗的使命和责任。

历史终究还是走到那一场轰轰烈烈的改革中来了。属于神宗和王安石的时代即将到来。

三、神宗继起，渴望变法

英宗驾崩后，年仅 20 岁的神宗继位。由于皇位来源和出身的原因，再加之其父英宗的憋屈命运，让这个年轻的皇帝不得不背负英宗的使命，成为一个大有抱负的君主。作为一个青年君主，神宗想大有作为的想法是非常强烈的。此时，北宋王朝千疮百孔的现状迫使他决意改变，这既是使命和责任，也是他的宏伟抱负和决心。

神宗继位后，英宗留给他的帝国危机已很严重，"三冗"现象非常突出，国家处境已经非常严峻，形势不容乐观。依然是积贫积弱，而大量养兵、养官需要大量的钱物，钱物的来源则需要依靠赋税，赋税来源于百姓，这就在有形和无形中加重了百姓的负担，造成激烈的社会矛盾。如宋仁宗皇祐时期，官员数量由宋真宗时期的 1 万多人，增加到 2 万多人，短短几年，增速之快令人瞠目结舌，而军队数量的增加更是触动心弦。宋太祖时期全国军队才 20 余万人，到宋仁宗时期，增加到 120 万人。不到百年之间，增加了五倍，增速飞快。养兵虽然很多，但是这些兵毫无战斗力，在对辽、对西夏的战争中，往往都是败多胜少。而军队中存在着纪律涣散、营私舞弊、平时不加强训练、士兵懒惰等诸多问题。很多士兵不能披甲上马，射箭能力很差，战时往往成为敌人的刀下鬼。西夏人笑话宋军，看不起宋军，只要宋军来和他们作战，他们都很高兴。这样的军队，能有什么战斗力？怎么能担负起神宗为祖宗雪耻的雄心壮志？

同时，自宋代开国后，宋太宗在经历了对辽作战的失败后，宋辽战争的态势发生了变化，辽处于强势和攻势那方，宋处于弱势和守势那方。对辽战争无可奈何，只能忍气吞声。直到澶渊之盟后，宋辽签订了和平协议。但是宋朝通过赎买的方式获得的太平，这本身就是屈辱。对待西夏的问题上，北宋王朝也是力不从心，屡次战败，不能从根本上压制西夏，吞灭西夏，反而要通过钱物的方式买来西夏的表面屈服。这些外患的存在，始终对宋朝构成了巨大的威胁。对辽的妥协，并没有换来持久的和平，辽总是趁宋朝对西夏战争的失利，不失时机地敲诈一笔。庆历二年（1042），辽朝派人来宋要回周世宗柴荣收复的瓦桥关以南的十县土地，并陈兵幽州，摆出南下攻宋的架势，进行恫吓。宋仁宗不得已派富弼出使辽国，最终以增加钱币而收场，在澶渊之盟的基础上，增加银10万两、绢10万匹。又是通过钱物保住了领土，换来短暂的和平。30年后，王安石对此事非常痛恨，认为这是朝廷失策导致的屈辱。

国家积贫积弱到了如此程度，因此宋神宗迫切地希望改变现状，实现他的政治抱负。要改变这些，就必然要进行变法和改革。如何改革、用谁进行改革、怎样改革都是难题。可以说，此时的神宗对于如何改革是茫然的，是一筹莫展的。但是作为一个血气方刚的青年，神宗也充满了建功立业的宏图大志，同时，他也具有进行改革和推动改革的雄才大略。只是没有找到心中理想人选而已。为了改革，他开始寻找辅佐成就大业的人选。

四、"愿二十年口不言兵"

宋神宗初登大宝后，希望能尽快做出一番大事情，建功立业之心是迫切的，为此，他开始寻找合适的能够帮助他成就大业的良臣。于是，他广泛征询各方人士的意见，希望从中找到治国良方，以此丰富执政经验和提高执政能力，实现他的大有为，重振大宋，造福黎民。在广开言路的过程中，有一位名叫刘述的大臣，提出了天下困弊已久，病入膏肓。张方平也上疏直言，天下困穷至极，朝廷如果不设法拯救，依然因循守旧，就无法挽救了。同时，也有一些大臣建议神宗节用、去冗、清政，鲜有气势恢宏的大魄力，很难与神宗内心的志向产生共鸣。

但这些大臣的意见,使神宗如芒在背,对他坚定变法的决心起到了一定的作用。他深知他统治的帝国积弊久远,非一朝一夕可以改变,"三冗"和积贫积弱的两大毒瘤,让他寝食难安,必欲改之而后快。但是,改革谈何容易,庆历新政的失败还在他内心深处不断涌现,范仲淹作为一代名臣,变法阻力都那样巨大,最终也是昙花一现。因此,要进行改革,必然需要元老重臣来主持推动变法,才能保证变法的顺利开展,可见人才是变法成败的关键,选拔人才成为神宗锐意推动改革的中心环节。在物色合适的变法人才的同时,神宗还命司马光主持纂修《资治通鉴》,以备励精图治之用。

在变法图强的需求下,三朝元老重臣富弼进入了神宗的视野,成为神宗变法首选。富弼曾经是范仲淹庆历新政的重要支持者和主持人之一,可谓声名远播,赫赫有名。神宗向富弼寻求富国强兵之道。然而出乎神宗意料,富弼却说"陛下即位之始,当布德行惠,愿二十年口不言兵"。这哪里是神宗想要的答案和大有为的良策啊,想不到曾经叱咤风云的人物,如今却是烈士暮年,垂垂老矣,毫无雄心壮志了。富弼的回答,无疑给热血沸腾的神宗浇下一盆冷水,使神宗彻底对他失望了,一盆熊熊燃烧的大火,只会因一盆冷水而烧得更加旺盛。

富弼的想法显然是不合神宗的胃口，神宗知道了富弼已经不是主持变法的合适人选了。元老重臣都是这样的想法，普天之下，还有谁能助神宗成就大业呢？这样的现实，促使神宗把目光由元老重臣转向其他有才干有雄心，关键是要与自己想法一致的年轻人那里，作为大规模变法的准备。

历史总是会把合适的人选推上去，而合适的人选总是留给早有准备的人。由于王安石的想法和胆识与神宗几乎是一致的，王安石和神宗相知相遇是不可避免的历史潮流。

五、神宗与王安石千古一遇

早在仁宗时期，王安石就声名鹊起，声名远播。欧阳修等人曾多次向朝廷推荐王安石，但王安石每辞不就。"由是名重天下，士大夫恨不识其面，朝廷常欲授以美官，唯患其不肯就也。"嘉祐四年（1059），王安石的《言事书》奏疏，系统阐述了改革弊政，致君尧舜的主张，一时间洛阳纸贵，一文难求，士大夫争相阅读，传诵一时。

王安石上《言事书》的时候，神宗只是一个年轻的王爷，不过，这道奏疏给当时还在颍邸的青年颍王（神宗）留下深刻印象，王安石主张变祖宗法度，致君尧舜的大变革，战略宏伟，胆识过人,远见卓识,很是符合神宗的心意,与他的大有为存在共鸣。神宗还得知王安石在士大夫群体中很有声望,很有影响。可以说,从这时起,王安石就进入了神宗的视野和心里,算是在他那挂上号了。

韩维是神宗的老师,对神宗影响很大,神宗对韩维言听计从。神宗父亲英宗与太后有些矛盾,英宗在一次病重时出言不逊伤了太后,太后很难过,向大臣哭诉,并归咎于颍王及其弟赵颢。此时,朝政大权掌握在太后手中,加之英宗又非仁宗嫡出,因此,太后废除英宗易如反掌。韩维赶紧劝说颍王:你父亲已经失去太后的欢心,你应对太后克尽孝恭以弥补你父亲的过失,否则,你们父子可要一起遭祸了。颍王感悟,及时向太后作了解释。太后终于原谅了英宗,并高兴地对大臣说:"皇子今日殊有礼,皆卿等善择官僚所致,宜召致中书褒谕之。"不但颍王受到了表扬,连韩维也受到了表扬。从此,颍王对韩维言听计从。

而韩维又是王安石的好友,对王安石的情况非常了解,对他的主张也是深信不疑,是王安石早期的忠实信徒。因此,韩维不断向神宗介绍和推荐王安石,这也为神宗最后选择王安石主持变法发挥了关键的作用,助推了神宗和王安石的千古一遇。

于是,神宗很想见见王安石,当面听取他关于变革的想法。

可是当神宗下诏王安石入见时，王安石却以生病为由，拒绝了！这有点让神宗摸不着头脑，王安石是几个意思啊？神宗很着急，他问辅佐大臣：王安石为什么屡次召见不来，真的是生病了吗，还是有其他什么想法和要求？曾公亮说：王安石品德高尚，应该是生病了，所以不来，不会做欺君罔上之事的。王安石的这种态度，更加激起了年轻的神宗想见到王安石的迫切心情。王安石此举也许有故意吊神宗胃口之意，看看神宗是否真心变法。为此，神宗向身边的大臣透露要重用王安石。

但是，朝臣中对于是否重用王安石的意见不一致。欧阳修、文彦博、吕公著、曾公亮、韩绛等人，主张重用王安石，司马光说王安石是"独负天下盛名三十年，才高学富"，刘安世也认为"当时天下之论，以金陵（指王安石）不作执政为屈"。他们也是主张重用王安石的。其他如张方平、吕诲等人反对重用王安石，韩琦等人则认为可以起用王安石，但不能重用王安石。对此，神宗还是很生气的，一则他们又不能担起改革的重任，二则他们还从中阻挠重用王安石。

于是神宗采取了一定的保留做法，先起用王安石知江宁府，几个月后召为翰林学士兼侍讲。神宗希望王安石在自己身边，能直接考察一下这个人到底政见才干如何。

熙宁元年（1068）四月，王安石在授翰林学士之命下达七个月之后，终于进京受命了。在这七个月的时光中，他大概已经完成了对神宗皇帝是否真想变法、是否真的信任自己的考察，终于下定决心为这位年轻英主效命了。

宋神宗一听王安石受命入京，十分欣喜，恩准他"越次入对"，立即召见。

熙宁元年（1068）四月，神宗召见王安石，君臣做了一次长谈，神宗先是问王安石："现在治国之道，应当以什么为先要？"王安石说："应该现以择术为先。"神宗又问："你认为唐太宗怎么样？"王安石说："陛下您应该每做一件事情都要效法尧舜，唐太宗所知不远，所作所为不都是符合法度。"在王安石看来，唐太宗不足效法，神宗应该效仿的是尧舜。神宗又问王安石："祖宗守天下，能做到百年内没有大的变数，粗略地达到了天下太平，是坚持怎样的治国之道呢？"王安石沉默不语，告辞归退。不久，他进呈了《本朝百年无事札子》。系统梳理了自宋太祖、宋太宗、宋真宗、宋仁宗、宋英宗百年来的政治、经济、军事、赋税、农业生产的情况，指出了百年之所以无事，是因为因循守旧，宋太祖开创了宋代政治、经济、军事、文化制度，而宋太宗承袭之，宋真宗又承袭之，仁宗、英宗也是如此。但是到

第一章 君臣相知

了本朝,弊端丛生,不能再走以前墨守成规的老路,苟且度日。如果不进行改革,那么迟早都会有大事发生。

神宗收到王安石的《本朝百年无事札子》后,十分激动,看了一遍又一遍,对他触动很大。没有想到王安石把本朝百年来的治国情况分析得如此透彻,真乃天人也,对王安石的钦佩之情就更加浓厚了。很快就再次召见了王安石,见到王安石后,神宗说:"你的治国之道都在这封奏章里吧,你指出来的那些弊端,应该也是有改革应对的办法吧,请你把这些改革应对的方法一一写下来呈给朕。"王安石说:"目前的状况是不可能一一说到的,希望陛下您先从讲学开始,讲学彰明了,改革应对之法自然就会一一呈现出来。"对于王安石的回答,神宗既高兴,又有点不甘心,希望王安石把他的改革计划和盘托出,又说:"你说的这些朕是闻所未闻,其他人的学问都达不到的,能不能一一写下条陈给朕?"王安石还是之前的话应对神宗。神宗还是没有放弃,进一步说:"你今日所说已经很多很好,我担心我很快就遗忘了,请把今日所说的言论写来进呈给我。"王安石执拗不过,只好满口应承下来,但实际上直到王安石主持变法时,也没有写下来进呈给神宗。这点颇耐人寻味,是王安石故意吊神宗的胃口,有意为之呢,还是王安石压根就不想写出来?

熙宁元年（1068）春，神宗再次召王安石谈话，谈论天下大事。神宗这个时期已充分认识到了王安石在助其推行变法中的作用，说道："法只有你才能帮朕推行，朕想要以政事来麻烦你。知道你的学问非常了得，并已经有了改革的方略，所以请你一定不要推辞。"王安石答道："小臣之所以出来辅佐陛下，原本就是希望陛下成为大有作为的皇帝。然而天下风俗法度等一切都颓废败坏，在朝廷缺少善良的君子，没有才能的人就常常安于现状不思进取，对天下变化一无所知。奸诈的人讨厌正直的人，却有所顾忌。有所顾忌的人唱之于前，无所顾忌的人和之于后。我虽然有改革的独立见解，但是恐怕还没有实行就会被异论怪说所打败。陛下想用小臣，恐怕不要操之过急，宜先讲学，这样使我的所学不受到猜疑，然后用小臣，则变法就会有所成就。"经过这次对话和前几次深谈，神宗更加认识到王安石就是他推行变法、有所大作为的不二人选。经过几次君臣对话和考察，神宗深深感到，王安石的见地很对自己的脾气，很能理解自己的志向抱负，他敢于一扫朝中沉闷因循之习。正是能够辅助自己以成大业的有用人才。这就奠定了他们未来"既师且友"的非常关系。

王安石的人品很好，所以神宗以"师臣"之礼对待王安石。即使反对他的人，在他变法得势时也不打击报复，不进行人身

第一章　君臣相知

攻击。最被神宗看重的是王安石没有野心，没有升官发财的欲望。王安石出来辅佐神宗，完全出于实现自己的政治抱负，并非是为了沽名钓誉、光耀门楣。王安石不爱财不贪财，对金钱没有丝毫兴趣。在生活方式上，王安石也非常简朴，不拘小节，经常一年到头穿一件破旧衣服。在生活作风上严于律己，对女色保持谨慎的态度。王安石夫妻感情很好，他也从来没有考虑纳妾的事情。在传统社会，妻妾成群是再正常不过的事，王安石的妻子见状，想给他纳妾，后来其妻买了一妾。有一天这名女子来王安石书房，王安石问她为什么来书房，女子把实情告诉了王安石。原来，这名女子也是一个可怜之人，丈夫本是一个运粮将官，由于在运粮过程中，船翻了粮食没了，家里不富裕，只好把她给卖了。王安石听后，把她丈夫叫来，放他们一块儿回家，不仅没有收回买她的钱，还给了他们一些钱物。这在当时传为一段佳话，以此足见王安石的人品。

事实上，王安石确实不像攻击他的人说的那般。他是一个政治家，出任过鄞县知县、舒州通判、常州知州、江南东路提点刑狱（一路主要负责刑狱的官员）、江宁府知府以及三司度支判等职。他勤政爱民，不贪财，不媚上，体恤民间疾苦，"起堤堰，决陂塘，为水利；贷谷于民，立息以偿，俾新陈相易；兴学校，严保伍，邑人便之"。这是他知鄞县的治迹，以至于400多年以后，这里的农民还在陀山下立祠纪念他。

神宗与王安石的相知，恰在他们共同的宏大理想一面。神宗选中了王安石，是欣赏他大倡变法的大志新说；王安石依靠神宗，也是看重了这位新君真正想变大法度、创大功业的气魄。共同的志向和理想——这就是熙丰变法的君臣聚力。

不久，神宗又一次召见王安石面谈，即在熙宁二年（1069）的春初，王安石又一次向宋神宗畅论天下大事。王安石对天下大势的深刻洞悉，对变法图强的信心，使神宗听得热血沸腾，点燃了神宗心中大有为的熊熊烈火。经过几次面谈，神宗下定了变法的决心，决定任用王安石为右谏议大夫、参知政事。

神宗是一位非常有主见的年轻君主，且性格坚强。北宋王朝积贫积弱的现实，迫使他思变图强，渴望改变现状。环顾四周，韩琦、富弼、司马光都显得保守，不对神宗胃口。只有王安石，在神宗没继位的时候就深深吸引了他。即位不久，宋神宗就迫不及待召见王安石，君臣一席谈话，让他对王安石更加欣赏王安石对这位年轻君主变法的冲动和执着很欣赏，君臣相遇相知，志向相同，可谓千古未有。

第二章
变法出台

神宗正当年轻，很想有一番大作为。变法图强当然成为改变北宋王朝窘境的首要选择。早在还是颖王的时候，宋神宗就表现出很多优秀的品质，尤其推崇法家，喜读《韩非子》。韩非子主张掌权者"不务德而务法""赏厚而信，刑重而必"。法律的制定应该"编著之图籍，设之于官府，而布之于百姓"，并由此发展了商鞅的"法"治、申不害的"术"治、慎到的"势"治，综合了"法、术、势"的君王统治术。主张变法，是上述法家的基本主张，神宗重视法家思想，很大程度上是为了更好地推行变法。

正好，王安石的主张很合神宗的胃口，一个有所作为的君主遇到了一个有满腔豪情的臣子，变法之势，势不可挡。变法和变不变法成为当时最大的政治。这样就不可避免地有变法派和反对派的存在，有形和无形中增加了变法出台的难度，增加了变法推行的阻力，影响了变法效果的实现。在这些因素的交织和影响下，赫赫有名的熙丰新法被推上了历史的舞台。

一、艰难的选择

变法出台的艰难，实际上是要不要任用王安石主持变法、该不该重用王安石的问题。这对于年轻的帝王神宗是一个艰难的选择。

王安石和神宗亲密无间的合作是变法的根本保障。虽然神宗决意起用王安石，但并不是那么顺利。朝中大臣富弼、文彦博、韩琦对王安石的文采颇为欣赏，但对他的性格、为人和政治见解不认同、不赞同，因而是反对神宗起用王安石的。这给神宗皇帝起用王安石主持变法带来一定的难度和抉择上的困扰。一方面，神宗对王安石很是钦佩和欣赏，一方面是元老重臣那么不喜欢王安石。君王可以全凭喜好，但也不得不有所顾忌，这是昏君和明君之别。

反对重用王安石的人不在少数,不喜欢王安石的人也很多。苏洵是苏轼、苏辙的父亲,与其子合称"三苏",在文学上很有盛名。然而,苏洵是反对王安石最为强烈的一个。不过苏洵反对是在王安石还未进入中央任职之时,即宋仁宗末年。这颇有点耐人寻味,这可能很大程度上与王安石的性格和为人处世有关,所以为正统的苏洵所不喜。即便如此,他们也并没有什么深仇大恨,但是苏洵竟写了《辨奸论》,把王安石骂得体无完肤。在这篇广泛流传的名篇中,苏洵传达了一种观点,不能凭表面判断一个人的性格,他认为这样容易上当受骗,即使是聪明人也会有看走眼的时候,只有睿智的人才能看穿一个人的性格,并能预言他人将来的发展。苏洵的这种观点是有一定道理的,然而他自己犯了以貌取人、不应该只看表面就判断一个人性格的错误。

王安石是一个不修边幅、不拘小节的人,对于衣食住行没有太高的要求,食求饱、居求安而已。仁宗对王安石的厌恶,来自一次仁宗大宴群臣的时候。当时,客人们都是钓鱼来吃,王安石却对钓鱼全无兴趣,满心在思考问题,结果是把自己盘子里的鱼饵吃了。仁宗看到后,觉得王安石不可思议,古里古怪的,不能理解,就对近臣说:"王安石诈人也。使误食钓饵一粒则止矣;食之尽,不情也。"

就是因为王安石性格的古里古怪，苏洵就利用这一点大做文章，告诫人们不要被王安石这种所谓大智若愚的假象所迷惑。他不无讽刺地说："今有人口诵孔老之言，身履夷齐之行，收召好名之徒。不得志之人，相与造作言语，私立名字，以为颜渊孟轲复出。而阴贼险恨，与人异趣。"这种人欺骗性很强，连最英明的君主也难以识别，一旦得势，必将给国家带来祸害。苏洵以貌取人的预言很荒唐，却很有市场。他的这篇《辨奸论》成为日后反对王安石变法、攻击王安石本人最有力的武器之一。很多人对王安石不好的印象，很大程度上是受到这篇文章的影响。

神宗继位之初，韩琦无疑是重臣中的重臣，在朝中举足轻重。就是这样一个核心人物，也是极力反对王安石为相，对王安石的印象不佳由来已久。韩琦不喜欢王安石，也是从他们的一段交往中可以看出来的，当年韩琦以枢密副使的身份知扬州，在一般人看来，韩琦的地位是何等崇高，与其搞好关系，对于自己的仕途无疑具有很大的帮助。可王安石脑袋里缺根弦，他整天忙于读书写作，通宵达旦，等到天快要亮的时候，才打个盹，然后不洗漱，匆匆忙忙赶去上班。有一次被韩琦撞见了，韩琦看到这个年轻人蓬头垢面，无精打采，还以为这个年轻人出去鬼混了，因此好心提醒"年轻人不要荒废了读书，千万不要自暴自弃"。王安石当面也不解释，私下里却说，韩公不知我也。从这段史料中，可以看出韩琦对年轻王安石的规劝，而王安石认为韩琦对他不了解，所以后来韩琦知道王安石不是如他想象的那样，而是一个有贤才的优秀青年，想招揽门下，却被王安石拒绝。这是韩琦对王安石印象不佳的起因和根源。所以当神宗征求韩琦的意见时，说道："你走以后，谁可以继大任？你以为王安石怎么样？"韩琦说："王安石当个翰林学士绰绰有余，处辅弼之地则不可。"

对此，神宗很不高兴。神宗又问孙固，孙固说："安石狷狭少容。必欲求贤相，吕公著、司马光、韩维其人也。"宋神宗问了孙固四次，孙固都如是说。孙固认为王安石最大的缺点是自视甚高而胸襟狭小，不能堪当大任。参知政事唐介也是认为王安石不可担当重任、受重用。当神宗问他，王安石可否堪当大任，是王安石文学不可任，还是吏事不可任，还是经国济世之术不可任呢？唐介认为王安石为人迂腐，博学而泥古，论议迂阔，恐难当大任，如果让王安石担任参知政事，恐怕是要危害天下。从唐介的话语中，可见唐介对王安石的治学和个性有些了解，在他看来，王安石不是循规蹈矩的人，不会因循守旧的。后来唐介对曾公亮说："安石果用，天下必困扰，诸公当自知之。"吴奎也是反对重用王安石，他说他与王安石在管州共过事，王安石刚愎自用，言论迂阔，万一用之，会扰乱朝纲。张方平也认为王安石不能担任宰相。

可见，从苏洵、韩琦、孙固到唐介，对王安石担当重任、继而对其主持变法是多么反对。所以变法出台是非常艰难的。神宗做出起用王安石为相主持变法的选择亦是艰难。

虽然有着重要影响的大臣反对神宗起用和重用王安石，但是神宗还是顶着巨大压力，多次召见王安石"越次"入对，神宗通过与王安石多次深入交谈，最终充分认识到只有王安石才能帮助他实现大有为的理想抱负，才能帮助他为祖宗雪耻。特别是王安石对北宋王朝危机的深刻认识，对如何富国强兵的战略构想，可以说是从内心深处打动了那个年轻的渴望的心灵。由此，神宗下定了决心，起用王安石。

通往变法的路上充满荆棘，神宗最终还是做出了起用王安石主持变法的历史性决定。熙宁二年（1069），王安石被任命为参知政事，开始主持变法，一场由王安石和神宗君臣主导的变法迅速地到来。这标志着一个新的时代的到来。北宋帝国似乎处在革故鼎新和富国强兵的前夜。一系列富国强兵的新法，如雨后春笋般地涌现。

二、富国之法

对于熙宁和元丰间的变法，常常会给普通读者造成一种错觉和先入的认识，人们往往把这个变法称为王安石变法，实际上元丰年间的变法，更多地是由宋神宗主持推行的。

王安石的变法内容主要可以分为两大类：一是富国之法，一是强兵之术，其变法的目的就是富国强兵。

富国是变法的前提，而富国主要以理财为核心。

均输法

均输法是王安石变法实行的第一项新法。目的是"通天下之货""制为轻重敛散""使输者既便"。均输之意大致为调节运输。此法的渊源为西汉汉武帝时期，桑弘羊推行之"均输"。西汉实行的这项经济制度，目的是调节物资供应。

均输法实行的主要目的是为了改变京城开封的物资供应情况，扩大购买力度，充分利用市场。宋代定都开封，物资供应需仰赖东南六路，利用汴水漕运，使物资汇集开封。"江南、淮南、两浙、荆湖路租、籴，于真、扬、楚、泗州置仓受纳，分调舟船溯流入汴，以达京师，置发运使领之。诸州钱帛、杂物、军器上供亦如之。"

由于是都城的缘故，开封是巨大的消费城市，各色人等汇聚，人口规模上百万以及数十万的军队，供应这些人等的物资需求量是十分巨大的。而这些物资供应都由发运使来操办。自宋代建国至神宗初立时，发运使在供应京城物资过程中弊端百出，已经到了无法满足京城物资供应的地步。首先，就发运使的职能来说，它只是一个执行机构，没有太大的权力，只是机械地按照政府的硬性规定向各地摊派。这就导致了发运使不能明了供应地方的产品情况，致使盲目摊派，加剧百姓负担。其次是发运使对京城物资需求情况，库存现状以及市场情况不清楚、不了解，导致供需矛盾脱节，严重致使京城物资供应滞后，出现重复购买的情况。

对此，制置三司条例司上奏说：

天下财用无余，典领之官拘于弊法，内外不相知，盈虚不相补。诸路之供，岁有常数，丰年便道，可以多致而不能赢；年俭物贵，难于供亿而不敢不足。远方有倍蓰之输，中都有半价之鬻，徒使富商大贾乘公私之急，以擅轻重敛散之权。

针对这种弊端，王安石等人向神宗详细汇报后，在神宗的支持下，决定解决这个问题，熙丰新法由此拉开序幕。熙宁二年（1069），均输法正式出台。

均输法主要的内容是，第一，加强发运使的权力，使其全权掌握东南六路的财赋大权，兼管茶、酒、盐、矾诸项税收。"军处国用，多所仰给。"均输法颁定后，神宗决定从国库中拨出500万贯内藏钱和300万石上供米，作为发运司的"籴本"，即启动资金。第二，均输法明确规定，发运司要清楚京师库存情况和京师物资需要情况，以便及时供应物资，同时灵活根据需要购买物资。并遵从"徙贵就贱，用近易远"的原则，根据京师实际需要，机动地收购一些"变易蓄买"的物资。在非生产地区，发运司不再像以前那样强迫民户交纳各种实物，而是将实物折成税款；在歉收地区，发运司则由库存的钱粮供应京师，再用民户代纳的税款到丰收地区购买实物以补充库存。

经过这番变革，均输法起到了很大的效果，"谷贱则官籴，不至伤农；饥歉则纳钱，民以为便。本钱岁增，兵食有余"。实际上，均输法很大程度上改变了京师开封的物资供应现状，满足了京师物资的需求。同时，限制了富商大贾对物价和货物的垄断以及对百姓的盘剥，使原来落入商贾手中的转输之利重新收归政府所有。

正因为均输法触动了既得利益集团的利益，不可避免地遭到了反对派的反对。但即便如此，宋神宗还是坚定地站在了变法一边,支持王安石推行均输法。

需要指出的是,虽然均输法取得了一定的成效,但是由于主要实行于东南六路,且只是局限在对京师物资的供应方面,对商人资本的活动,不能起到太多的限制作用。

青苗法

青苗法是王安石变法的第二项新法,颁行于熙宁二年(1069)九月。所谓青苗法实际上是国家对农民的放贷法。这种放贷法多行于夏秋两季农民青黄不接之时,故有青苗法之称。青苗法实际上是对旧的常平仓法的一种变通和改革,利用常平、广惠仓的粮食做粜本,因此青苗法也称常平法或常平新法。

青苗法是对常平仓的改革。我国自古以来就有常平仓的设立。宋初承袭隋唐旧制,在路、府、县城设置常平仓,其主要职能是调节粮食价格,防止谷贱伤农及商人的高利贷盘剥。理想状态和做法是,丰收之年政府大批购进粮食,灾荒之年则由政府低价放粮。但是实行过程中似是而非,各地常平仓徒有其名,虚有其表。即使是有粮食,也多移用为军粮,以至于常平仓"蓄藏几尽"。而设于州的常平仓,粮食购买数不过数百千石,几乎无力抵制富商大姓的贱价收购,在青黄不接之时,无力控制市场,打击富商大姓肆意哄抬物价。同时,常平仓设于州,县中百姓离之较远，购买粮食不便，即使能购买到粮食，也多被官吏掺杂他物，实际价格却很高，对农户来说没有起到实惠的作用。每遇灾歉之年，富商豪绅就利用高利贷向农民敲诈勒索，这也成为北宋时期社会不稳定的一个很重要的因素。

王安石针对常平仓存在的弊端，进行了改革。他根据自己在鄞县实行的"贷谷于民，立息以偿"的施政经验，以李参在陕西推行的青苗钱例为参照，并在王广廉的支持和帮助之下，决心改革常平仓推行青苗法。在此项新法颁行之前，王安石与神宗进行了多次商讨，王安石建议神宗把"开阖敛散"的大权收归中央，不能任地方豪强大贾为非作歹。神宗听后非常赞成，制置三司条例司起初乃为此而设置。于是，熙宁二年（1069）九月，青苗法由制置三司条例司先推行于河北、京东、淮南三路试行，次年推行全国。

青苗法的具体内容：一是将"今诸路常平、广惠仓，略计一千五百万贯石"的粮食，由各路转运司负责兑换为现钱，并以政府的公权为保障，把现钱贷给城乡居民。这种做法，改变了以往常平仓"贱籴贵粜"的老办法。同时，规定兑换的这笔现钱不得挪作他用。

二是传令各级地方政府官员确实认真推行青苗法。并设常平官负责青苗法推行事宜，全国共设41员常平官；各州置常平案，转移出纳事宜由通判一级官员负责，各县地方政府直接监督率耆、户长管理借贷。

三是作用预借的往年粮食价格折合现钱的标准，须保持合理范围内，不得或高或低。使百姓自愿请购认领现钱，以其方便为准，不得进行强制抑配。一般一年分两次放青苗钱，即"半为夏料，半为秋料"。"夏料"是指在正月三十日以前进行借贷，"秋料"是指在五月三十日以前进行借贷。归还之时，或缴纳现钱，或按价折成粮食，但前提之一是不许亏蚀官本。

四是借贷的对象为城乡居民，没有偿还能力和固定职业、产业的游民除外，针对贷款不还或是逃亡躲避贷款的现象，规定"五户以上为一保，约钱数多少，量人户物力，令、佐躬亲勒耆户长识认"。客户想借贷须"与主户合保，量所保主户物力多少支借"。县令、县佐与率耆、户长负责检查百姓借贷，防止不法之徒冒借或多借。

五规定现钱借贷具体数额。一般是第五等户及客户，每户贷钱不得超过1贯500文，第四等户每户不得超过3贯文，第三等户每户不得超过6贯文，第二等户每户不得超过10贯文，第一等户每户不得超过15贯文。如依以上定额贷出之后，尚有剩余本钱，其第三等以上人户，由本县根据人户的多少，于以上所定钱数以外，适当增加一些数额。

六是借贷者在夏秋两次收成之后，随两税归还所借青苗钱。归还时，须在所借数额之外加还二分息钱，即20%的利息。如借1贯钱，偿还时连本加息应缴纳1贯200文。一年两次借贷，因此利息率一年实际是40%。

在熙宁新法所有的法令中，这项法令引起人们的争议最大，甚至于影响了变法的整个进程和结局。青苗法是否可行成为变法派和反对派争论的焦点，这项法令的施行使神宗态度颇为矛盾。变法派和反对派围绕青苗法的争论和斗争，以及青苗法对神宗变法态度和意志的影响，下文将着重讲述，此处埋下伏笔，留有悬念，留待诸君思绪驰骋。

农田水利法

宋代虽然商品经济发达，但依然还是一个农业国家，农业在国家经济中占据重要地位。王安石在地方任上，尤其是在鄞县任上，十分重视农田水利的兴修，"起堤堰，决陂塘，为水陆之利"。在常州任上，王安石曾计划开凿运河，虽然此时没有成功，但足以说明王安石重视农田水利建设。因此，在王安石主持变法之时，便于熙宁三年（1070）颁布了农田水利法。邓广铭先生称农田水利法是最能体现"为天下理财"的主张。农田水利法又可以称为农田利害条约，是关于农田改良、水利建设的法规。

《农田水利法》具体内容如下：

一是官吏和普通百姓，凡是知晓土地种植以及可以完成修复陂湖河港，或是不可以兴复，而可召人耕种，或是原来没有，而现在可以创修，或水利可及众而为人说擅占，或田土去众用河港不远，而为人地界所隔，可以相度均济疏通的，允许向管勾官或所属州县陈述。也就是说凡是与农田水利有关的事情，都应该向经管部门或所属州县条陈自己的意见。如确实可行，且对国家和百姓有利的水利工程，州县官员要切实去做，并给建议者一定奖励，或量才录用。对于州县不能决定的大型工程，应该向朝廷奏报。

二是州县需将所辖区内的荒田以及需要浚修或可以修建的水利工程，进行详细调查，绘制成图，登记在册，并提供如何修建这些水利工程的具体办法，上报给官府。州县不能解决的水利问题，可以陈述意见，等候上级部门处理。

三是各县需对境内大川沟渎流向情况进行调查，对浅塞的进行疏导，对所管辖下的陂塘堰可以灌溉的进行兴修。凡事关联其他州县地界的，请提出意见，绘为图籍，申送本州。本州考察结果如有不尽合事理的，即委官按察，牒送管勾官。

四是凡是各县农田受到水患危害的，都要修建圩埠堤防以防水害，或疏导沟洫疏通积水。对此，需要确定工程规模、用工用料情况、完成时间，绘制成图籍向本州申报。本州进行审核，如有不尽合理的地方，即委任官员复核检查，牒送管勾官。

五是州县向上陈述水利兴事项和图籍，管勾官与提刑或转运应对此加以调查研究，并派官员进行复查；如果水利兴。事关重大，上述官员要亲自实地按察；如果确定对百姓有利，应当做些力所能及的事，即时把水利工程的兴修付诸施行。如果一县不能独办，即委本州官差或另选人前往协商合力。如果遇到重大工程，应当奏报朝廷，等候朝廷批准。如果县令等官员不能推行水利兴修，应当申请奏报调换岗位。如县务繁剧，兼工程浩大，上级应派人援助。

六是水利兴修需要很多人力和经费，政府为了保障水利建设，提供一定的物质和经费保障。并对在兴修水利取得卓越成绩的，给予奖赏，或升迁，或赐予金钱。

七是水利兴修关乎百姓福祉。如果没按原计划兴修，不得向百姓收取物料。

农田水利法的颁布和推行，推动了广大百姓的积极性，促进了宋代水利事业的建设，在变法诸多举措中最具积极意义。

免役法

免役法又称"募役法"，是对差役法的改革。这是熙丰变法时期的重要新法之一。变法之前百姓需要向政府服役，充当乡、里、都等头目，充当衙前里正等，实际上是宋代百姓的劳役负担。王安石变法，采取以钱折役的方式，百姓按照户等缴纳现钱，这种称为免役钱，同时，坊郭户按户等多寡也交钱代役，称为助役钱。此外，摊派役钱时，还要收十分之二的"免役宽剩钱"，用于灾荒之年救急之用。一般是每年夏秋两季乡村户和坊郭户随户等和等第交纳现钱，乡村户四等以下，坊郭户六等以下免出。官户、女户、寺观、未成丁者助役钱减半。免役法经熙宁二年（1069）酝酿、试行，至熙宁四年（1071）十月在全国普遍推行。

免役法的推行是中国古代经济史上具有重要意义的大事，实现了中国古代从劳役地租、实物地租向货币地租转变，把百姓从繁重的劳役负担中解脱出来。促进了人的解放，对于促进农业生产发挥一定的作用，对于推动宋代商品经济的繁荣具有一定的促进作用。同时，形势户、官户也要缴纳助役钱，在一定程度上对抑制兼并具有很大的限制。

第二章 变法出台

市易法

一般认为王安石推行的市易法,类似于西汉桑弘羊推行的平准法,具有国家商业垄断的性质。市易法主要目的是为了限制富商大贾垄断市场、控制物价、经营牟利而出台,也具有理财的目的。宋代商品经济发达,富商大贾凭借雄厚的资本,成为重要的土地兼并力量;在城市经济活动中成为重要的垄断力量。

王安石变法时,曾考虑推行类似于市易法的平准之法,但遭到反对派的反对而未果。熙宁三年(1070),秦凤路经略司官员王韶,在秦州看到商人在对外贸易中获得巨大利润,于是提出了在秦州设置市易司,推行市易法,利用官钱为本,垄断商贾之利,这成为市易法的开端。王韶的做法得到了神宗的肯定,同意王韶在秦州试行,但是因文彦博、曾公亮的反对并未在全国推行。市易法在全国的推行,契机是熙宁五年(1072),以"草泽"之人自居的魏继宗上书条陈,富商大贾垄断商业利润,导致汴京物价波动激烈,以致"外之商旅,无所牟利,而不愿行于途;内之小民,日愈贫困,民不聊生"的现状,提出了设立常平市易司,选拔守法商人帮助平抑物价,并从商人垄断的行业中,从中剥得利润,增加政府财政收入。

魏继宗的建议很快得到了变法派的支持和实行。熙宁五年

（1072）在京师设立了市易务，并由吕嘉问负责提举。神宗从内藏库拨100万贯钱，充当京师市易务的本钱。由此，市易法在全国推行。

市易法的推行客观上对于平抑物价起到了积极作用，打击大商人的垄断行为，便利了百姓，但引起变法派和反对派又一次斗争的高潮，并由此导致了王安石的第一次被罢相和变法派内部阵营的分裂。可见变法多么不容易，王安石和神宗变法之艰难。

方田均税法

方田均税法实际是由方田法和均税法两部分组成，是一项清查土地、核定土地税役的法规，主要针对田税不均现象而推行的新法。由于宋代采取不立田制，不抑土地兼并的政策，因而豪强地主、富商大贾从事土地兼并，占有大量的土地，导致土地严重不均。同时，豪强地主、富商大贾勾结官僚阶层，隐匿土地，逃税、漏税。自耕农和中小地主，自然不情愿以自己非常有限的收入向官府纳税，于是他们千方百计逃避转移赋税和徭役。许多人扮成客户，依附于豪强地主之家，他们宁愿向这些豪强地主交纳一定的保护费，也不愿向国家纳税。于是，不可避免出现"隐产漏税""产去税存""田亩转易"等不少弊端，导致田地所有者和交税者不一致的问题层出不穷。这严重影响了国家财政税收。熙宁五年（1072年）八月，在蔡申天的建议下，变法君臣推出了方田均税法，旨在清丈田亩、检查漏赋、均定田税。主要内容如下：

一是方田法。对田亩进行清查丈量。以东西南北各千步，当41顷66亩160步，为一方。每年九月之后，由县令、县佐依据清丈法对官府土地进行丈量，登记在册。并根据土地肥瘠情况，划分五等，依次确定税额等第。

二是均税法。核定原来所属各县的赋税情况，根据清丈土地的情况重新核定赋税的办法。

三是对已经清查丈量完的土地，在每块土地四角上立土堆为标记，并在土堆上种树。依此为据，立方帐、庄帐、甲帖和户帖。

方田均税法颁布后，首先从京东路开始实行。其后实行于河北、陕西、河东等路，实行区域有限，主要局限于北方。方田均税法不能顺利实施和在全国推而广之，最根本的原因应该是触动了各地豪强地主的利益。不过，方田均税法还是取得了一定的成效，增加了国家财政收入。

三、强兵之术

北宋自立国以来，宋太祖赵匡胤总结五代以来藩镇割据的教训，开创了守内虚外的国策，重文轻武，导致北宋军队战斗力低下，在对辽与西夏的战争中屡屡败北。为了应对对外战争和镇压国内人民，宋代政府大量招兵。然而没有从根本上解决军队的问题，军队只有量的增加，没有质的变化，出现了冗兵和积弱现象。

王安石和神宗也是为了改变宋代积弱的事实，提高宋兵的战斗力，实现富国强兵的目的，才下定决心，推行富国强兵的变法，"富国"是手段，"强兵"为目的。

保甲法

保甲法是乡村控制和组织的法规，目的是防范百姓造反，加强对他们的控制。该项法规颁行于熙宁三年（1070）十二月。

最先由同管勾开封府界常平等事赵子几提出，得到了神宗的认可，由司农寺参考制定保甲法，形成了《畿县保甲条例》，并于熙宁三年（1070）十二月颁行。保甲法先于开封和祥符两县试行，随后推行于京东、京西、河东、河北、陕西五路，最后于全国普遍推行。

《畿县保甲条例》主要内容如下：

一是十家为一保，选取有才干和心力者为保长；五十家为一大保，选取主户中最有心力和物力的两个人为大保长。十大保为一都保，也是选取主户中品行好、有能力和勇敢正直的两个人分别担任正、副保正。主户两丁以上的选一丁为保丁，自备弓箭，学习武艺，参加军事训练。

二是每一大保逐夜轮差在保内巡逻，如遇有盗贼，昼时声鼓，报大保长，并同保人合力追捕。如果盗贼逃到其他保，须与其协同捉拿。抓获盗贼后，有奖赏。

三是同保内如果有犯"强窃盗、杀人、谋杀、放火、强奸、略人、传习妖教、造畜蛊毒"者，如知情不报，即按照五保律（五保连坐治罪的法律）治罪。如果有三个以上盗贼在保内停留三天，即使同保邻人不知情，也要治其"不觉察之罪"。

四是保内如有人户逃移或死绝，须一并向县衙申报。如有同保中不及五户者，听从并入其他保。如果有外来人户入住保内，须向县衙申报收入保甲。本保内户数不足，且令附考其他保，等到满足十户后，即可以列为一保。若本保内有外来行止不明之人，须进行观察，收捕送官。各保对所辖人户及姓名要有记录，以便申报。

保甲法的实行，巩固了宋代政府在乡村的统治，维护了乡村秩序，减少了农民的反抗，训练了一大批接受正规军事训练的后备力量。至熙宁九年（1076），全国已有693万多人组成保甲，56万人经过了正规的军事训练。这样既为禁军准备了大量的新生力量，又为整顿禁军提供了条件，初步达到了神宗所期望的兵农合一的目的。

保马法

战马是古代的重要战略物资。自秦汉以来，骑兵成为主要作战兵种之一，对战争的胜负具有决定性作用。而自秦汉以来，北方游牧民族凭借强大的骑兵力量，时常南下骚扰中原，小则在边境抢掠，大则入主中原，对中原地区造成了重大的影响。

至北宋，依然是骑兵的天下。由于宋代立国的先天不足，特别是西夏的叛离，使北宋丧失传统的养马之地。本身北宋军队积弱，再加上缺少战马，骑兵更是不成气候，这样在对辽、西夏的战争中，往往处于下风。

北宋立国之时，设有马政，由牧监负责饲养，但成本很高，根本无法满足军队的需要。熙宁变法前，河南北十二监，每年马匹供应数量为1640匹，而能供应骑兵的马匹只有264匹。北宋坚持了一百多年的马政几乎荒废，到仁宗时期，更为严重，成本高，没有成效，还占用大量耕田，严重影响农业生产，使阶级矛盾尖锐。宋代马政实际上到了非改不可的地步，为此，丁度、宋祁、叶清臣等提出了民户养马的改革办法。熙宁初年，群牧使李中师提出了罢"河南北监牧，省国费而养马于民"的建议，但并未上传到中书。

神宗继位后，渴望有大作为，希望对西夏、辽的战争取得重要成果。而宋代马政荒废的现实，使神宗大为痛心。"尝患马政不善"，这促使神宗最终推行保马法。

保马法也称户马保马法，是王安石与神宗推行改革马政的新法。户马法推行于熙宁五年（1072），保马法由神宗推行于元丰七年（1084）。熙宁五年（1072）神宗下诏：许可开封府界诸县保甲自愿投名养马；马由官府供给，年不过3000匹。户马法的具体做法是官府把各监现有的官马分派给民户牧养，或给价由民户自购收养。熙宁六年（1073），曾布对户马法进行了规范，推行于京东、京西、河北、河东、陕西五路，具体内容如下：

一是五路义勇保甲愿意养马者，一户一匹，家业雄厚可以养马两匹。养马或由监牧配给，或官府给钱自买，不许强配。开封府界不得超过3000匹，五路不得超过5000匹。

二是保甲袭逐盗贼，骑马不得超过300里。开封府界内养马户每年可以免除赋税，并给现钱。五路养马户可以免除每年的折变和沿纳。

三是养马诸户，三等以上户每十户为一保，四等、五等每十户为一社。保户养马致死由保甲户独自赔偿。社户养马致死，由全体社户按半价均摊。每年检查一次,查看马的肥瘦。

元丰七年(1084),神宗下令免除京东、京西保甲每年教阅征役的负担,规定每都保养马50匹,每匹给钱10千,限京东10年、京西15五年养足。设立提举保甲马官,以吕公雅为京西提举保甲马官,以霍翔为京东提举保甲马官。

在政府力量的参与和主导下,熙丰时期保马法的改革基本上是成功的,取得了一定的成效,减省了政府的开支,提高了马匹质量,增强了宋军的实力。

军器监

宋代积弱,其中一个重要表现是武备松弛。"尝出铠甲三十副,与巡警使臣,彀弩张弓,十损四五,盖不敢擅有修治,上下因循,遂至于此。"甚至各地出现了武器停产的现象,原来负责武器制造和兵器管理的机构三司胄案,由于三司事务繁忙,冷落了三司胄案。而该案主管的官员调动频繁,使该案管理不善,几乎如同虚设。地方州县制造的武器更是偷工减料,以次充好,负责的官员欺上瞒下,营私舞弊。他们或"选占善工,家为治具",或"借役民工,以资奸侵",甚至出现了纸麻缝制的盔甲。这样的现状说明,武器制作和管理的改革刻不容缓。

鉴于这种可怕的现实,王安石之子王雱提出了改革建议:主要是仿照铸钱监的组织规模，集中几个州的军器制作作坊，成为一个大作坊；选用擅长制作武器的工匠充任匠师，京师设立总的管理机构，负责统辖各地大作坊；对各地制作的武器进行检核，对制作精良的武器进行奖赏，反之则惩罚。熙宁六年（1073），宋神宗采纳了王雱的建议，在京师设立了军器监，统一管理全国武器制造。此外，在开封设立了东西广备作（也称东西作坊），也是归军器监管辖。通过健全管理制度，严格选拔制作武器的人才以及规范武器制作，使宋代武器制作松弛的现象得到明显的改观，取得了良好的效果。武器的质量得到很大的提高，兵器制作规模化。由于军队装备的改善，宋军战斗力也得到提高。

将兵法

北宋立国之初，为了防止武将专权割据，采取了更戍法，实行兵将分离，导致将不知兵、兵不知将的困局，严重影响了宋军的战斗力。更可笑的是，宋军作战依赖阵图，作战时由上面制定阵图，军队依照阵图来作战，上面又不知道作战的实际情况，这往往导致宋军溃败。

宋代士大夫中的有识之士，对于宋军作战能力低下深恶痛绝。在此背景下，范仲淹最先提出了将兵法，但范仲淹改革时将兵法实行范围有限，没有产生多大的影响。至王安石和神宗熙丰变法时期，将兵法又重新进入了变法君臣的视野，引起了神宗极大的兴趣。熙宁三年（1070）十二月，宋廷开始缩小更戍法的范围。其实就是开始改变宋代军队以前的管理方式。熙宁六年（1073）神宗扩大将兵法。熙宁七年（1074）枢密副使建议推行将兵法，将兵法由此推行全国。将兵法在元丰年间得到更为广泛的实施。

将兵法即以不同番号之禁军指挥，混合组成将的编制，将下设部，部下设队。由政府选用有作战经验和指挥才能的将官，专门负责对某一地区军队的训练。不过，各将辖有的军队有差别，有的地区少则3000人，有的地区多则六七千乃至上万人。将是从久经战阵的高级将领中产生，下设副将，兵额少的不设副将。队是将兵的最基本的战斗单位，辖有50人，每10人为一伙。

这样，熙宁七年（1074），神宗在开封府界、河北、京东西路设置三十七将，河北四路为第一将至第十七将，开封府界为第十八将至第二十四将，京东路为第二十五将至第三十三将，京西路为第三十四将至第三十七将。环庆路设八将，鄜延路设九将，泾源路设十一将，秦凤路设五将，熙河路设九将，总计四十二将。元丰四年（1081），东南各地设十三将，其中淮南东路第一将，西路为第二将，浙西路为第三将，东路为第四将，江南东路为第五将，西路为第六将，荆湖北路为第七将，南路潭州为第八将，全州、邵州、永州准备应援广西的为第九将，福建路为第十将，广南东路为第十一将，西路桂州为第十二将、邕州为第十三将。至此，全国总共九十二将，以及熙宁八年（1075）在京东建立的独立马军十三指挥、元丰二年（1079）在京西建立的独立步军十二指挥，全国就此形成了一定的防区，对内对外的防卫明显加强了。其中最重要的防区有二：一是京师地区，辖有二十五指挥及二十将，约占全国总兵力的四分之一；二是北边和西北部边防，共配有四十二将，占全国总兵力的三分之二，目的是防御辽和西夏。这样的配置多少改变了宋初以来边防薄弱的局面，对防御辽和西夏的进攻有一定的作用。

四、取士之法

官僚体系的改革也即人才选拔，是关系到变法成败的关键。宋代官僚体制经过一百多年的发展，已经是弊端百出。早在庆历新政时期，对官僚体制的改革成为范仲淹改革的重点。王安石变法对于宋代冗官问题及官僚体制的深层问题有更深的认识，尤其是对于选官制度，更是有切身的感受。变法最终需要依靠地方官吏推行，胥吏和低级官员在推行变法中具有重要的作用。因此，王安石和神宗重视提高他们的待遇，重视任用中下层官员。

提高胥吏和低级官员的俸禄，在王安石变法前，这些未入流的胥吏没有俸禄，他们大都靠受贿赂、侵害百姓利益过活，甚至发家致富。这样容易滋生腐败，加剧百姓对政府的反感。为此，熙宁变法时，制定了吏禄标准，州县胥吏6000至8000文左右。县令、参军等芝麻官，熙宁变法前俸禄很低，至变法后，增加了他们的俸禄。

注重选拔有才干的低级官员进入变法派，参与变法。像吕惠卿、曾布、章惇等基层官员，也是因为支持变法，能力出众，因此被王安石和神宗延揽到中央参与变法，使之成为变法派的中坚力量。

科举制度发展到宋代，无论是录取人数，还是健全制度，都得到了一定的发展。但是至宋代科举考试依然是诗词歌赋取进士，记诵默写试明经。为此，文人士大夫对科举考试的内容和方式提出了许多不同的意见和批评。王安石在仁宗时代对于科举制度也提出过意见和批评。及至主持变法时，为了推动科举制度能够选拔出变法需要的人才，王安石对科举制度进行了改革。

改革考试的内容。在考试内容上，"罢明经及诸科，进士罢诗赋"，考试以经义论策为主。一是罢除明经及诸科，只保留进士科。二是参加进士考试,任选诗、书、易、周礼、礼记中的一种,谓之"本经",并兼治论语、孟子,谓之"兼经"。三是考试分为四场,第一场为本经,第二场为兼经,外兼大义十道,第三场试论一首,第四场为试务策。熙宁八年(1075)王安石的《三经新义》成为科举考试的教科书,科举考试需要按此进行阐述。

对学校进行改革。同以往朝代一样,宋代立国之初,也在京师设立太学。但不久,太学如同虚名。熙宁变法时期,对太学进行了改革。元丰二年(1079)经李定审定,颁布了《学令》,至此太学制度较为完备,设置情况是在主管主判官的基础上,增设直讲,太学生分为三等,初为外舍生,再为内舍生,最后为上舍生。同时,州县学也得到了调整。太学之外,还建立了武学、律学和医学。武学的设立迎合了神宗强兵的需要,对此给予大力支持,但是武学的创办没有达到神宗的目的。律学科目设置很细,注重理念和实践相结合,教材则是刑统、编敕、律、令、格、式等。为了支持办学,政府还把一些官田变为学田,用于发展地方教育。

五、元丰新法

元丰新法是对熙宁新法的进一步深化和强化,并没对王安石变法进行反转。由于此时宋神宗乾纲独断,元丰新法是完全由神宗主导实行的。与熙宁时期王安石变法并称为熙丰新法。

元丰时期，神宗性格上变得更加偏激，常常躁动不安。但随着神宗专断的深入，也开始对熙宁变法进行深化和调整，变法事业得以继续推行。

第一，是对富国之法的调整。主要是对熙宁新法推行时存在的弊端进行纠正。因为熙宁新法存在对百姓剥削太过的情况，朝野上下反对的人很多，所以对此进行了调整。如对青苗法的调整，青苗钱在放贷的过程中，一半留存，一半继续贷给农户，与以往强行全部贷放青苗钱的政策相比，无疑具有重要的进步，缓解了农户的压力。同时，遇到灾害时，也可以赈济百姓粮食。元丰变法开始时，神宗下令在开封府界设立义仓。义仓的目的是弥补青苗法在赈济备荒中的不足。此后，义仓推行全国。

第二，对免役法进行了局部调整。对淮南、两浙路存在的冗占役人的问题，元丰三年（1080）下诏减少非法冗占役人，节省了不少募役财物。同时，对坊郭户交纳助役钱的标准进行了调整，熙宁时期是200千钱以上才交助役钱，200千钱以下不用交，元丰二年（1079），调整为满50千钱以上交纳助役钱，不满不交。交纳标准放低了很多，客观增加了政府免役钱的收入和财政收入。

第三，对市易法进行了调整，神宗于元丰三年（1080）下诏，免除贫苦行人的免行钱。元丰二年（1079）以后，原先不需要抵押就能在市易务贷款的"立保赊钱法"被废除，取代的是必须要以金帛、田宅等资产抵押才能贷款。

第四，为了增加收入，元丰以后扩大了国家专卖的范围。如对金、银、坑冶和铸造等专卖的强化，元丰比熙宁时期更甚，达到了宋代专卖的顶峰。连变法派章惇都感到专卖的危害，他说，京东铁、马，福建茶、盐，一日不去，有一日之害。

通过对这些变法措施的调整和深化，缓解了百姓的不满和朝臣的反对，有利于新法的继续推行。同时，也增加了政府的财政收入。

元丰时期，还对强兵之术进行了调整和深化。

第一，保甲法在元丰时期有新的变化。元丰二年（1079）十一月，在推行集教大保长法于开封府界，设置提举保甲司，以内侍王中正和东上阁门使狄谘兼提举。在开封府22个县，设教场11个。大保长共2825人，每10人为一个单位，置1名教头。次年，在大保长经受武艺训练后，以此为基础成立团教法，即以大保长为教头，负责教保丁武艺，以相近的都保为5团，由10名受过武艺训练的大保长教之。此法在开封试行成功后，又推广到西北三路，令文武官各一人提举其事，以封桩收入作为义勇和保甲的军事费用。神宗还亲自检阅了开封府界保甲所练武艺，对练得的进行录用，其余赐些金帛予以勉励。元丰四年（1081），改河北东路、河北西路、河东路、永兴军、秦凤路等五路义勇为保甲。还在开封府界、河北、河东、陕西等路"会校"保甲，训练保甲共601945人。其费用也较"正兵"少得多。

第二，元丰时期，对保马法也进行了调整。元丰三年（1080）规定城市坊郭户资产达到3000贯的，乡村户达到5000贯的，需养马1匹。资产增加一倍，增加养马1匹，每户最多不超过3匹。这种保马法被称为"物力养马法"，推行于开封府界、京东、京西、陕西、河东等路。元丰七年（1084），规定每一都保需养马50匹，这种保马法被称为"都保养马法"，主要推行于京东、京西路。

这两种保马法是熙宁变法时期保马法的新发展，增加了养马数量，适应了神宗开边的需要。

第三，元丰时期，将兵法也进行了调整。元丰二年（1079），新置士兵义勇、保捷两指挥于京西路，各400名。设在唐州、方城的为右第十一将；设在汝州、襄城的为左第十二将，都属于辅助军。元丰三年（1080），大规模地把将兵法推广到东南各路，共置十三将。并置训练之官，严格实施训练。新兵每天早晚操练两次，日夜不得休息。春秋都试之时，选武士千人中的10位武艺高强者，随其意愿，加以重用。

六、元丰改制

元丰时期，神宗还对官制进行了改革，官制改革成效显著，对后世影响很大，史称"元丰改制"。

元丰改制实际酝酿于熙宁末年。至神宗亲自主持变法后，对官制改革的想法越来越显得迫切。神宗想要恢复汉唐时期的雄风，所以官制改革参照了《唐六典》。元丰三年（1080），他下令馆阁校勘《唐六典》，为官制改革所用。元丰三年（1080）六月，经过多年准备后，开始对官制进行改革。官制改革的主要内容是：

1. 废除台、省、寺、监虚空的官职，文武官员的散阶一并罢除，以阶位来定官品，并由此制定官员的寄发官禄标准，即所谓的"寄禄新格"。根据新的规定，文官自开府仪同三司至承务部分为二十五阶；武官官阶定为五十六阶，州县等其他官员分为七阶。以此为根据制定了《元丰禄令》，规定寄禄官阶的具体俸禄数额。这对于减少冗衔与虚名和明确官员俸禄具有积极的作用。

2. 重新制定新官品位、任期、章服以及补荫制度。改原来的九品正、从（自四品以下正、从又各分上、下）一共有三十阶的官品品位，为九品正、从，总共为十八阶的官品品位。凡文、武臣及选人序位，都要按照十八阶官品确定。内外官员一律以三年为一任职期限。规定官员的章服，四品以上服紫色，五、六品服绯色，七品至九品服绿色。补荫入官为三岁一荫或六岁一荫。

3. 重新制定新官制，推行三省六部制，三省长官为宰相执政，构成省、部、寺、监系统。

宰相。废除同中书门下平章事，任命三省长官为宰相。但并不任命三省的正长官侍中、中书令、尚书令，只是以尚书省的副长官左、右仆射为宰相。左仆射兼门下侍郎，行侍中之职，为左相；右仆射兼中书侍，即行中书令之职，为右相。因沿袭唐代"中书取旨、门下复奏、尚书施行"的官制精神，所以，实际上右相权力更大，掌握实权重权。

执政。中书、门下两省另各设侍郎1人，对本省事务进行管理，并与尚书省左、右丞共同出任执政，废除原专职的副宰相（执政）参知政事，但枢密院正副长官仍为执政。

中书（都堂）。原政事堂（中书）的职权分隶三省，但宰相与执政的办公议事仍于原政事堂正厅进行。故有都堂或政事堂之称，已非昔日之中书门下。

枢密院。继续保留枢密院，仍为最高军事机构，但分散其职权，部分职权划归六部。改枢密使为知枢密院事，枢密副使为同知枢密院事。

三省。分中书（政事堂）为三省，以此建立门下、中书、尚书三省，分别是"中书省揆议、门下省审覆、尚书省实行"。实际上是门下省审核命令，中书省颁行法令，尚书省执行政令。三省都分别充实了相应的机构。三省实行分权制，行政效率低。然而，至宋哲宗时期，逐渐形成由宰相与执政共同商议之后奏报皇帝，然后以"三省同奉圣旨"颁行的办公程序。核定官员数官额为中书省11人，门下省11人，尚书省9人。

六部。主要是吏部、户部、礼部、兵部、刑部、工部。六部中除兵部分得一些枢密院的职权，少量职权得到增加外，其余五部职权都得到很大充实。

史部。负责对官吏政绩的考核。主要职权由四个机构独立执掌：原主管中级文官的审官东院改为尚书左选。原主管中级武官的审官西院改为尚书右选。原主管初级文官的吏部流内铨改为侍郎左选。原主管初级武官的三班院改为侍郎右选。文武官选授、勋、封、考课之政令，悉由史部负责，核定官员数额为13人。

户部。宋代户口、财计等财政，原本由三司总领天下财富，户部并无实职无职掌，实为一空架子和摆设。元丰改制后，罢三司归户部左、右曹，度支，金部，仓部，核定官员数额为13人。

礼部。凡是有关礼仪以及贡院一部分职权，都由礼部负责管理。核定官员数额为10人。

兵部。兵部原本也只是虚有其表，只掌管一些进名马簿籍之类的文书。熙宁时开始恢复其职掌，元丰改制后，主要是负责"掌兵卫、仪仗、卤簿、武举、民兵、厢军、土军、蕃军、四夷官封承袭之事；舆马、器械之政，天下地土之图"，职权得到充实和扩大。核定官员数额为10人。

刑部。原审刑院的职权归刑部，仍以知审刑院掌管刑部事，改刑部主判官为"同判刑部"。到元丰五年（1082），悉罢判部同判部差遣。核定官员数额为10人。

工部。改制前，职权尽归三司修造案，本部完全形同虚设。元丰改制后，撤销三司，工部之名和职权得到强化和实体化，"掌百工水土之政令"。核定官员数额为10人。

九寺五监。九寺指的是，太常寺、宗正寺、光禄寺、卫尉寺、太仆寺、大理寺、鸿胪寺、司农寺、太府寺。所谓五监是国子监、少府监、将作监、军器监、都水监。改制前九寺五监全是虚名空官。元丰改制后，将三司及其他机构的部分职权复归各寺、监，随官设吏，使其名实相循，有职权职掌。

台谏。实际上是由谏院和御史台构成。御史台是宋代的监察机关。自元丰三年（1080）重建六察制度，分六案。改制后，由六察官分察尚书省六部。六案中的户案监察转运使，刑案监察提点刑狱。另设言事官任谏职，负责监察六案监察之外的中央官员机构系统。元丰七年（1084），侍御史知杂事称侍御史，为御史台副长官隶属台院，长官为御史中丞。言事官改为殿中侍御史隶属殿院。六察官改为监察御史属察院。至此，以御史台为核心的监察制度更为完备。

谏院。设左、右谏议大夫。以左谏议大夫隶属门下省，右谏议大夫隶属中书省，作为谏官的重要组成部分。主要负责检举朝政阙失和百官诸司的过失。因谏官与台官职责很相近，故台谏并称。台谏系统的存在对于加强百官众臣包括地方官员的监督发挥了重要的作用，也在某种程度上维护了中央集权制。

对于元丰改制，神宗充满了信心，说郭子仪能"再造唐室"，我也能"再造宋室"。自信之情可见不一般。

至于元丰改制的成效如何，历来史学家争论不休。基本来看，神宗元丰改制，纠正了当时官制的许多弊端，对后世影响很大。需要特别指出的是，元丰官制改革并没有解决冗官、冗费的问题，政府办事效率并没有提高，反而使程序复杂。

第三章
变法目的

北宋自开国以来，由于开国规模小，用钱锺书的话说，北宋的天下无非也只是七尺帆布。由于丧失对于幽云地区的控制，屏障尽失，养马之地几无。而契丹和西夏，吸收了汉制传统，又兼具游牧民族大传统，糅合了农耕经济和游牧经济，建章立制，建国开元，远非汉之匈奴、唐之突厥可比，可谓是其强劲的对手，难以对付。因此，北宋先后饱受契丹、西夏的压迫，在与他们的对抗中败多胜少。尤其是澶渊之盟后，通过输岁币的方式，即赎买的方式，宋与辽平起平坐，北宋王朝勉强获得兄长的身份，但

第三章 变法目的

对于传统儒家所构建的尊王攘夷、以汉族王朝为中心的天下秩序造成了巨大的冲击。作为非汉族王朝的辽从此获得了天下共主的身份和地位，成为天下秩序和朝贡体系的主宰。天无二日变成天有二日，宋辽成为天下共主。这对于传统的汉族王朝，有着大一统理想的儒家知识分子，无疑是最大的打击，可谓是王朝自尊心、尊严扫地。

为此，宋真宗为了粉饰太平，在宰相和其他大臣的配合下，在泰山封禅，营造四海升平、天下一统的政治氛围，以掩盖对辽战事的失败和无能。于是乎，天降祥瑞自然合理合法，司空见惯。于是乎，改元大中祥符，自然是顺天应运。同时，在这个时期，北宋王朝出现了尊王攘夷的思想，如石介等，以及大一统、正统观的讨论。实际上，是士大夫寻找合理解释的努力行动。

如果说强大的辽朝给北宋王朝带来了面子的困扰问题，还情有可原。但是小小的西夏——北宋王朝的属地，却让北宋王朝最后一块遮羞布也被无情地撕开了。北宋与西夏的战争屡屡败北，不禁让人唏嘘不已。这对有所作为的君臣来说是无法忍受的，于是宋神宗、王安石君臣锐意进行改革，想要改变内窘外困的局面，达到富国富民、强国强军的目的。

一、富国富民

王安石和宋神宗发动的熙宁和元丰期间的变法，其中一个重要的目的就是要实现富国富民。在实现富国富民后，实现强国强军，最终达到尽复汉唐故地的终极目标。

变法的目的之所以以富国富民为重要的目标，说明了至宋神宗时期，财政日渐窘困的现状，北宋开国以来的"三冗"现象在这个时期达到了新的峰值。同时，贫富差距拉大，阶级矛盾尖锐。

通过变法，逐步实现了富国富民的目的，国家财政收入得到极大的提高。"诸路常平、免役、坊场、河渡、户绝庄产之钱粟积于州县者，无虑数十百巨万，如一归地宫，以为经费，可以支二十年之用。"这从一个方面说明了，变法增加宋政府的财政收入。王安石变法的目的是为国理财，就是尽一切可能增加国家财政收入，即所谓"因天下之力以生天下之财"。因此，在王安石和宋神宗诸多变法措施实行过程中，很多变法措施都收到很好的效益和积极的效果，同样也存在一定的不足和消极影响。可以说基本上达到了富国富民的目的，虽然也存在损害百姓利益的一面，但这并不是熙丰变法的本意。由于在实施过程中存在的执行问题、用人不当、触犯了大地主阶级和统治阶级利益等情况，导

第三章 变法目的

致富国富民的变法目的存在一定的偏差,甚至使某些变法措施起到了反作用。虽然如此,但客观来说,该法的推行在一定程度上践行了平均赋税和按亩纳税的原则,从而增加了国家财政收入,也增加了农民的收入。

就农田水利税法来说,体现了王安石"因天下之力以生天下之财"和"欲富天下资之天地"的理财思想,是神宗渴望扩大税源和王安石重视水利事业与农业生产的表现。该法的推行,收到了很好的效果,产生了重要的作用。兴建了不少水利设施,一些废弃的水利工程得到修复,许多荒地被垦辟成良田。如邓州、唐州,在熙宁年间,四面八方的老百姓到此聚集开垦,开辟了数千亩良田。据《宋史·食货志》记载,从熙宁二年(1069)至九年(1076),在全国修建成水田、农田、官田,共计36.3万余顷。从熙宁三年(1070)到熙宁九年(1076),全国各地兴修的水利工程10793处,其中直接受益的农田达36万顷,官田近2000顷。此外,对开封府界诸河沿岸实行淤田的措施,使开封府每年谷物可以增加数百万石,对于开封府这样一个严重依赖漕运保证粮食供给的帝都来说,无疑起到了缓解粮食运输压力的作用。从这些数字来看,农田水利法确实起到了促进农民生产的作用,增加了粮食产量、农民收入和国家财政收入。当然,该法在实行过程中，也存在一些不足，诸如国家投资不足，官吏为了政绩害民的现象。但总体来说，该法推行是积极的，达到了"因天下之力以生天下之财"的目的。

方田均税法增加财政收入，减轻了人民的负担。该法体现了平均赋税，体现了力业相称的税法原则，具有相当合理性和工具性意义，取得了很大的成效。此法从熙宁年间开始推行至宋神宗元丰八年（1085），全国共清丈了土地2484349顷，约占全国征税土地的一半。在推行期间，该法也存在推行地区的差异和地方抵触不作为的局限，但使这些地区贫穷且又少土地的百姓税重的现象得到了一定程度的纠正，使贫穷者以低产贫瘠之田输数倍赋税的现状得到一定程度的扭转。因此，对待此法，应该给予肯定，肯定其积极的一面，肯定其增加国家财政收入的一面，肯定富国富民的作用。

青苗法实行的本意在于调整物价，避免百姓受到高利贷的盘剥。熙丰变法以前，无孔不入的高利贷常成为使贫苦百姓破产的重要原因，也是豪强兼并束缚客户的牢笼。虽然，宋朝立国之初，沿袭隋唐旧址设立常平仓，在实行的过程中，并没有起到平抑物价的作用，全国各地的常平仓如同虚设，粮食购买量不足数百千石，根本无力抵制富商大姓的贱价购买。而在青黄不接，遭遇自然灾害之时，这点粮食无力控制市场，亦不能制止商人趁机抬高物价，因而加剧了农民的负担和生活的疾苦。在这样的情况下，王安石推出了青苗法，在青黄不接的时候，按户等高低以较低利息贷给百姓，减轻百姓负担。目的是"以广蓄积、平物价，使农人有以赴时趋事，而兼并不得乘其急"。农民通过青苗法贷款，可以保证在凶荒之年没有忧患，而且在农作之时，不会缺衣少食，在官府的劝诱下，兴修水利，因此，四方的田事得到加强。这说明青苗法在抑制豪强高利贷盘剥的同时，也促进了农业生产，发挥了积极作用。因此，青苗法也被称为"富民之利"。如在山阴县，老百姓贫困，十室中就有九室。他们主动向官府借贷，不可胜计。李定观察到了南方的百姓对青苗法都觉得很方便，所以，自实行青苗法以来，请纳青苗的农民来往于州县。由此可见，青苗法实行之初，农民还是愿意到官府请纳青苗钱，实际上是支持青苗法的。可见，青苗法的实行在一定的时空条件下，有其合理、进步的意义和作用。某种程度上起到缓解农民负担的作用，增加了农民抗风险的能力，对高利贷起到了抑制的作用，自然也就对于增加国家财政收入发挥了重要作用。青苗钱一年收入在300万贯左右，而元丰三年（1080）青苗钱收入达13186114贯石匹两，元丰四年（1081）达13837736贯石匹两，元年六年（1083）为11037772贯石匹两，创下了历史新高。

但事实上，在实行的过程中，青苗法亦存在诸多弊端，且问题比较严重。如存在强行抑配的问题，就连王安石自己也看到了"抑配强恐有之"。规定的利息常被提高，如规定半年的利息是20%，而在实行过程中，有些地方，如河北诸路就提高到30%，足足增加了10%，所以在韩琦看来是没有起到抑制兼并、救济农民困顿的目的，是与变法初衷相违背的。司马光指出了青苗法本是为了利于人民，结果由于官吏急于求成，追求政绩，所以导致青苗法没有发挥它应有的作用，不利于百姓。

实际上青苗法却是有害民更甚的一面。原因在于国家从事青苗放贷，具有强制性和普遍性特点，尤其是在封建的官僚社会，政府超级强势，百姓只有沦为被剥削的命运。由于负担过重，百姓反过来还是要向高利贷者借贷，这严重违背了变法的本意——杜绝高利贷者的盘剥，结果却导致青苗法和高利贷相互交织，形成了共同盘剥百姓的格局，而深受其害的仍是贫苦农民。

免役法的实行增加了国家财政收入，但无疑增加了下等户的负担。免役法的实行有很大一部分原因是要增加国家财政收入，扩大税源，减轻百姓负担。实际上免役法起到了富国的目的，基本上免役钱一年的收入是18729300贯，而熙宁九年（1076）役钱收入达到10414553贯石匹两。免役法使原来不应役的特权官府之家和寺院地主都要按等第纳钱应役。但免役法给中下等地主特别是小地主以及较为富裕的上层农民带来很多好处。免役法的推行，可以使他们缴纳为数不多的役钱，这样可以使他们从衙前里正的力役负担中解放出来。免役法最大的进步意义在于：由劳役性质的剥削形态向货币剥削形态转变，客观上促进了农产品的商品化。

但是，免役法是以牺牲广大农民的利益为代价，尤其对于原来不应役的贫苦农民来说，免役法推行后，他们需要纳钱应役，这无疑增加了农民的负担。而贫苦农民，或者说下等户占人口总数比重较大，每户纳钱虽然不多，纳役钱总数还是十分可观，却超过了他们的负担能力，所以贫苦农民认为免役法是不方便、不利于他们的，出现"杀牛卖肉，伐桑鬻薪"的现象。更为严重的是，还有交纳了役钱还要服差役的问题出现。这说明免役法的推行对于贫苦农民来说是巨大的负担，甚至是灾难。

均输法、市易法虽然增加国家收入，但打击了中小商人。均输、市易法推行，目的是减少商人对百姓的剥削。用王安石的话说，市易法的目的是"通有无，权贵贱，以平物价，所以抑兼并"。但实行过程中，国家财政收入是增加了，从熙宁五年（1072）至熙宁七年（1074），市易收入市息钱总计1043030

多贯，市例（利）钱98000贯左右。均输法在相对减少农民的苦痛和供应汴京物资需要方面，起了相当的作用。同时，按照"徙贵就贱，用近易远"的原则，保证京师的供应，限制了大商人对市场的操纵。但是市易法也打击了中小商人，同时，还强化了各种专卖，这对民间工商业也是一种打击，致使小民失业，商旅不振。

新法作用的总体看法

熙丰新法无疑起到了富国的目的，即增加了国家的财政收入。在某种程度上减少了百姓的负担，也起到了富民的作用，但是这种作用是有限的，即富民的程度是不足的，没有真正实现富民的目的。实际上是富国之法，而不是富民之法。但是，这种富国之法是建立在扩大税源的基础之上，即建立在对广大百姓盘剥的基础之上，并不是从发展生产和平均赋税的途径获得。由此可见，富国之法也是存在很大的局限性，因而也就注定了新法推行的曲折艰辛。

增加国家财富，对于维护宋朝的统治起到很大的作用，支持了熙丰年间对西夏、交趾等战争，在一定程度上对大、中、小商人，地主起到了一定的抑制作用。

应当指出的是，熙丰新法只是对局部制度的调整，并没有从根本上促动统治基础和北宋的所有矛盾。北宋固有的阶级矛盾、生产力与生产关系的矛盾，并没有得到很好的解决。因此，熙丰新法只是达到了一部分目的，实现了富国的理财理想。

二、尽复汉唐故地

尽复汉唐故地是北宋王朝的历史使命和王朝命运。对于汉唐故地，宋朝有着特殊的情结，而收复幽云十六州，只是尽复汉唐故地的一部分。这种意识，即使是到了南宋，也依然在宋代士大夫心中不时泛起涟漪。陆游曾说"五月十一日夜且半，梦从大驾亲征，尽复汉唐故地"，就是一个很好的例子。不过整个宋朝文弱，武功上建树不大。至宋神宗时期，北宋有两大外患，一是辽，二是西夏。

按照王安石的构想，所谓尽复汉唐故地，实际上包括收复交趾、吞灭契丹、制服西夏，实现真正意义上的大一统，从根本上改变北宋王朝积贫积弱的局面。因此，这个战略是分三步走的。前提是积累财富，训练士兵，第一步是制服西夏，第二步是吞灭契丹，第三步是收复交趾。因此，在熙丰年间，围绕变法，北宋王朝逐步开始这项伟大的战略，也在变法的过程中实行了这个战略。

宋代对幽云十六州有着特殊的情结，也是宋王朝的一块心病。收复幽云地区已成为宋王朝的使命，为了收复幽云十六州，宋朝向辽发动多次战争，只是多以失败告终。宋兴因此，宋亡亦因此。这对于宋人及其王朝自尊心无疑是最大的打击，研究者普遍认为宋代因此转向了内部。

但是，北宋王朝总还是有血性，他们是不能容忍宋代对外积弱的现状持续下去，希望远迈汉唐故事，重振汉家雄风。王安石和宋神宗为了扭转北宋王朝的屈辱，挽回王朝脸面，进行了富国强兵的改革。

在宋神宗、王安石看来，改革成不成功，关键是开疆拓土，重振汉唐雄风的成效大不大，富国的目的实际在强兵。宋神宗在位期间的多次对外战争，是有着他大有为的战略目的的。虽然有的对外战争是自卫反击战，但是也有尽复汉唐故地的目的，如对交趾的战争。

熙河之役

所谓的熙河地区实际是指今甘肃省临夏、甘南自治州，包括兰州及青海省的西宁地区，具有重要的战略地位。

和北宋其他君王一样，变法之前的神宗，想得最多的是绍祖先之余志，先收复幽云十六州。"每虔夕惕心，妄意遵遗业。顾余不武姿，何日成戎捷！"神宗的这首诗实际上是表达他想继承祖先的遗志，收复幽云十六州的期盼。

第三章 变法目的

然而，时局的发展不以帝王的主观意志为转移，历史的进程也总是让人们始料不及。可以说，宋神宗初期与西夏的战争，耗费了北宋王朝大量的人力和物力，一个小小的西夏都不能摆平，庞然大物的辽朝，更是遥不可及，幽云十六州只怕是镜花水月了。

为了对付西夏，也为了开疆拓土，收复汉唐故地，在神宗和王安石的大力支持下，北宋王朝发动了对河西走廊一带吐蕃遗民的战争，史称熙河之役。提起熙河之役，一个叫王韶的人发挥了关键作用。王韶（1030—1081）是江州德安（今江西省德安县）人，字子纯。嘉祐年间中进士，出任新安主簿，又任建昌军司理参军。早在熙宁末年，王韶曾向神宗上了名闻天下的《平戎三策》。提出了"欲取西夏，当先复河、湟"的战略口号。在这封著名的奏章中，王韶先是深入分析了宋夏态势，认为西夏是北宋的心腹之患，西夏不断积蓄力量，僭越称制，对北宋构成了巨大的威胁。因此，王韶提出了经营河湟地区以制服西夏的战略，具体做法是通过招抚沿边地区分散的蕃部各族，达到威胁董毡青唐政权的目的，进而威胁西夏，使之背后受敌。

王韶的《和戎六事》则是对《平戎三策》的具体实施，主要内容：一是趁河湟吐蕃诸部分裂之时，采取招抚的策略，收服诸蕃；二是木征孱弱，可以先招降木征，由此招抚沿边诸蕃，对于不服从招抚的，采取武力征讨，同时用汉法治理归附诸蕃，使之趋同汉俗，成为国家统一的部分，达到"于汉界实有肘腋之助，且使西贼不得与诸羌结接"；三是充分利用和训练鄜延、环庆路的蕃兵，发挥他们在征讨沿边诸蕃的作用；四是为有效利用蕃兵，可任命蕃将统领各部，用汉官进行节制；五是诸蕃所居之地田地耕少，可以吸收汉人开垦，使蕃汉杂处，既可达到经济开发的目的，又可以达到控制蕃部的目的；六是洮、河、兰、鄯等地收复后，由于这些地区土地肥沃，可招募人耕种，对于震慑西北地区和宋代经济开发都有益处。《和戎六事》实际上成为北宋开熙河之役的指导思想。

王韶的《平戎三策》和《和戎六事》使对西夏接连败阵的变法君臣看到了逆转战争颓势的希望。因此，得到了神宗和王安石的赏识。"神宗异其言，召问方略。"很快王韶于熙宁元年（1068）被王安石任命为管勾秦凤路经略司机宜文字，开始经略对河湟地区蕃族的征抚。随后，王韶上疏请求修筑渭、泾上下二城，屯兵驻守，用来招纳安抚的蕃族各部。神宗把王韶建议交给李师中讨论，李师中对此很反对，神宗因此罢免了李师中的军事统率权，王韶的建言得到采纳。由于得到了神宗和王安石的信任，亦被寄予厚望，王韶再次建议在渭源至秦州一带设

第三章　变法目的

置市易司，收回商贾的利益，以借贷官府的钱作为资本。王韶的建议再次被神宗和王安石认可，于是不久，被任命为提举秦凤西路蕃部，兼营田、市易，开始负责招抚沿边地区蕃部、募人营田和创设市易司等市易。但是，李师中再次反对王韶的建议，认为王韶的建议是得不偿失、不合时宜的。王安石对李师中再次反对王韶很是恼火，于是将李师中削职，贬为舒州知州。其后，神宗任命窦舜卿为秦州知州，并让内侍李君愚到秦州勘察荒田。然而他们的报告王安石不认可，认为他们有欺骗之嫌，窦舜卿因此被贬官，派往他处。而后韩缜被任命为秦州知州，附会王韶之策，此事不了了之，王韶晋升为太子中允。

熙宁四年（1071）八月，王韶被任命为洮河安抚司事宜，主持落实取河湟之地。不久，王韶来到了秦州，很快召见了各将领，听询河湟地区的军事情况。这样，王韶知悉了吐蕃俞龙珂部在青唐一带势力最大，成为西夏和渭源诸蕃联络、拉拢的对象。于是，王韶和诸将商议后，决定讨伐俞龙珂。王韶勇略过人，亲率数骑来到俞龙珂牙帐，向他晓以利害，劝其归降，并在牙帐中留宿，诚意满满。俞龙珂被王韶的真诚打动，于是率其部众12万人归附大宋。神宗得知后，十分高兴，亲自抚慰俞龙珂。俞龙珂对神宗说，他十分仰慕包中丞是朝廷忠臣，请赐其包姓，永远忠于朝廷。神宗很高兴，准其所请，赐俞龙珂为包姓，名顺，在帮助王韶收服诸蕃过程中，发挥了重要作用。

熙宁五年（1072）五月，神宗以古渭寨为通远军治所，志在收复河陇。恰在此时，定州驻泊都监张守约请求为古渭寨建立军府，作为统治陇右的根本。神宗批准了张守约的请求，随即任命王韶主政通远军，推行教阅法令。

同年八月，王韶领兵西进，袭击了吐蕃诸部。起初，吐蕃诸羌据险负隅顽抗，王韶部将不敢攻坚战，提出了平地上与诸羌战斗，被王韶无情地否决了。王韶说："如果诸羌不舍弃险要之地来争斗，我军必然徒劳而归。现在既然来到险要之地，就应该奋力一搏。"于是他命诸将布阵，敢言退却者斩无赦。

诸羌据险而守，宋兵连攻受挫，眼看宋军抵挡不住。关键时候，王韶一马当先，冲上了敌军据守的险隘，宋军见状，个个奋勇争先，最终扭转了战局，诸羌大败，王韶军焚烧其庐帐后班师而归。于是，王韶军威大振，洮西一带的诸羌大为惊恐。就在此时，吐蕃诸羌首领、唃厮啰后裔木征和瞎药率部渡河来援，结果被王韶打败。王韶军盛势占领武胜，于此筑城，建立镇洮军。

王韶在河湟一带的大捷，使神宗龙颜大悦。这年十月，神宗下令设立熙河路，管辖熙、河、洮、岷四州及通远军，以镇洮军

第三章 变法目的

为熙州，王韶被任命为经略安抚使兼熙州知州。实际，此时河、洮、岷三州还没有被王韶军收复。以此足见神宗志在必得和开疆拓土的决心。十一月，河州羌人首领瞎药率部来降，神宗任命其为内殿崇班，赐姓包，名约。

熙宁六年（1073）二月，王韶收复河州，俘获木征之妻。九月岷州羌人首领木令征以城来降，王韶进驻岷州，于是宕、洮、叠三州羌族首领献城归顺大宋。经此一役，王韶收复五州，斩首数千，获牛羊无数。

捷报传来，神宗喜不自胜，亲至紫宸殿接受群臣文武百官朝贺，并解下自己的玉带赐给了王安石，以此彰显王安石在主持变法和开熙河之役的功劳。王韶开熙河之役的成功，在军事上起到了断西夏右臂的作用，缓解了西夏的军事威胁，使赵宋王朝在武功上难得有所建树；在政治上，熙河之役的胜利有力地支持了王安石变法，缓解了变法君臣因反对派的咄咄逼人而面临的窘境，为新法的继续推行提供了重要的保障和支撑，暂时堵住反对派的悠悠众口。王韶也因此功被擢升为左谏议大夫兼端明殿学士。

其后，王韶回京复命。王韶走后不久，木征又举起反叛的大旗，收归残部，联络羌人其他部众，围攻河州。熙宁七年（1074）二月，河州知州景思立战死，木征势力复盛并攻略岷州。但是遭到泯州刺史高遵裕的顽强抵抗,包顺将木征击退,木征败走远去。

同年四月,木征势力复炽,再次围攻河州。神宗见木征势大,不敢掉以轻心,连忙派王韶回镇熙河。王韶来到兴平,听闻河州被围,便与李宪直驱熙州,并从熙州挑选精兵2000人,奔赴定羌城。诸将原以为王韶会急援河州,没有想到王韶却反其道而行之,进军定羌城,攻破西蕃结河川族,切断通往西夏的道路,进至宁河,分别命令部将进入南山,切断了木征的外援。木征得知大势已去后,便自河州而去,河州之围被解,中国历史上再次上演了"围魏救赵",王韶的军事才能得到淋漓尽致的发挥。王韶之所以能技高一筹,因为他深知木征是仗着有外援,所以会肆无忌惮地围攻河州,如果打掉和截断其外援,河州之围自解。这正是一个智勇双全帅才的品质。

解了河州之围后,王韶率军从定羌城往河州,进军西山,绕过踏白城背后,焚烧木征部80帐,斩首7000余。木征元气大伤,走投无路,无奈只好率大小头领80余人向王韶请降,王韶接纳木征之降,命李宪押送京师开封阙下献俘。

当是时,木征势力大盛,景思立战死,全军覆灭,河州面临失守,熙河之地有得而复失之忧,朝廷上下议论纷纷,大为震惊。神宗为此寝食不安,担心战局,因此,多次下诏告诫王韶慎重,不要轻易出击。也许神宗担心战局不利，影响变法的推行，动摇群臣对变法的信心以及变法赖以存在的理由。还好，王韶不辱使命，出色完成了平定木征之叛，达到预期效果。可以说，这是大宋百余年来，首次取得了这么大的军事胜利，对于屡次和西夏、契丹较量中处于下风的赵宋王朝来说，无疑是挽回了一些面子，找到了一点存在感，可以扬眉吐气了。意义重大，不言而喻。

不久，木征被押到了阙下，宋神宗身着盛装，出席了献俘仪式，接受了群臣的朝贺。神宗赦免了木征，任命其为营州团练使，赐名赵思忠。

王韶因建立了不朽的功勋，熙宁八年（1075）被任命为枢密副使，位高权重，不再是以前的小官了，被时人称为"三奇副使"。

王韶开熙河之役，在宋代军事上具有重要的地位。此役收复熙河六州汉唐故地，开疆拓土2000余里，招抚诸蕃30余万帐，初步达到了收复汉唐故地的目的。达到了"断西夏右臂"，阻止西夏南进的目的，为其后对西夏战争打好了战略基础，更为坚定神宗大有为、光复祖宗基业的信心，有力支撑了变法，鼓舞了变法君臣的士气。

南征之举

所谓南征之举是指宋神宗时期，朝廷派遣军队平定南方和西南边疆少数民族地区的叛乱,严格来说,算不上是尽复汉唐故地一部分,因为西南边疆少数民族地区尚处于大宋的羁縻统治之下。但因为此次行动发生在神宗变法开边的时代,因此,南征之举有神宗开边的意图。且这项军事活动的兴起也与西北开边的兴起有很大的关系。南征之举实际包含了章惇和熊本征讨南方和西南少数民族的两场战争。

为了获得军事上的胜利,武功上有所建树,在西北开边顺利进行的前提下,神宗任命章惇为统帅,征讨南方的少数民族,这些少数民族位于今天湖南省境内。章惇是变法派中的重要支柱,是王安石组建的变法班底的重要骨干,派其征讨这些南方少数民族,体现了变法派和神宗渴望以军事胜利来支撑变法,说明变法的合理性,堵住反对派众多反对的言论。

熙宁五年(1072)七月,章惇遵神宗指令亲率大军,经过湖北,到达湖南辰州(今湖南省沅陵县),招讨当地叛乱民族。这里的叛乱分子实际上是大宋的子民,早在宋初就归顺了赵宋王朝,朝廷对他们采取羁縻统治的策略。恰在此时,这些氏族的内部不统一,出现纷争,被湖北提点刑狱赵鼎获悉,他上报朝廷,派兵征讨。于是,神宗派遣章惇前来征讨。结果章惇不辱使命,迅速平定了叛乱,在他们的地方设立了郡县。招降巨酋10余人,收复40余州，取得巨大的成就。自此，湖南地区安定无扰。神宗得知章惇平定之功，十分高兴，对其赏赐有加。

一个月前，地处泸州（今四川省泸州市）的西南少数民族发生了叛乱。当时他们因为居住在泸水边上，所以称为泸夷。著名的有晏子和箇恕两酋，他们逐渐壮大，兼并了晏州山外六姓、纳溪二十四姓生夷，势力大盛，不断滋扰生事，入寇州县。

于是，神宗任命熊本为梓夔二路察访使，授予其处理西南诸夷的大权。至熙宁七年（1074）二月，熊本迅速平定了泸夷。熊本对西南一带的少数民族很了解，熟悉他们的风俗习惯，他采取招讨并用的举措，很快就平定了西南地区的少数民族。神宗对此很高兴，对熊本大加赞赏了一番："卿不伤财用，不害人民，一朝除去百年的祸患，近时少有比得上的。"并任命其为集贤殿修撰，赐三品朝服。由是，神宗对西南少数民族地区用兵自此开始。

熙宁八年（1075），熊本又奉命讨伐渝州僚酋木斗，收复溱州（今重庆市）地500里，并建南平军。由此，西南地区的少数民族动乱基本平定。

神宗时期对南方和西南少数民族地区用兵，取得了一些胜利，对于增加变法派在朝堂上的分量，巩固变法派的执政地位，起到了一定的作用，也在一定程度上满足了神宗大有为，开疆拓土的心理需要。但这些胜利，对于整个宋代边防来说，不具有太重大的意义。

西夏之战

西夏之地是名副其实的汉唐故地。征服西夏，就是收复汉唐故地的重要一环。王安石和神宗变法的目的就是要达到把西夏纳入大宋的版图及直接管辖之下。西夏是党项族拓跋氏建立的政权，因参与平定了黄巢之乱，拓跋氏被封为夏国公，赐姓李，并在唐末藩镇割据中不断壮大。起初，西夏之地仅限于夏州（今陕西省横山区）一带，经过一个多世纪的发展，地盘扩张到夏州相邻的五个州。至宋仁宗时期，占有了物产丰饶的凉州（今甘肃省武威市）、甘州（今甘肃省张掖市）等地，并把统治中心迁至兴州（今宁夏回族自治区银川市），拓跋氏自称夏王。对大宋叛服不定，威胁着赵宋西北的安全。至1038年，李元昊称帝，建立西夏政权，开始与北宋分庭抗礼，并不断骚扰入侵北宋西北地区，对赵宋政权构成重要威胁。由此，西夏成为继契丹后北宋又一心头大患，他们互成同盟，对北宋政权构成了巨大的威胁。

西夏自宋太祖以来，一直是叛服无常。而至宋英宗时期，西夏越发强大，尾大不掉。至仁宗宝元元年（1038），西夏公然僭越

第三章 变法目的

称制，李元昊称帝，开元建国，并开始进攻大宋西北边地。李元昊称帝的做法，使赵宋王朝无法容忍，这是公然的挑衅，是对宋朝政权的挑衅。第二年，仁宗下令削去李元昊的赐姓和官爵。宋夏之间旷日持久的战争由此开始。然而，宋廷却败多胜少，不仅没有打灭西夏人的帝王之心，反而使他们更加骄横。其中比较大的战争为1040年延州三川口一役，结果是宋军大败。1041年渭州好水川一役，宋军再遭败绩，士兵战死达1万余人。然而，旷日持久的战争，使西夏有点力不从心，而且仁宗也想早点结束战争。于是，在庆历四年（1044），李元昊上表称臣，宋廷赐予西夏银帛茶叶，册封李元昊为西夏国主，通过赎买的方式获得了短暂的和平。但李元昊依然在西夏称帝如故，宋廷无法约束。至庆历八年（1048）李元昊抢夺儿媳，被其子所杀，最终另一子谅祚继位，宋廷册封谅祚为西夏国主。宋夏之间的和战到了新的阶段。

宋英宗治平三年（1066），西夏侵犯大宋西北边地。西夏这次犯边，起因于西夏使臣吴宗的出言不逊。吴宗来东京贺英宗即位，却骄横无理，使得宋廷君臣颇为愤怒，英宗为了维护宋夏和平大局，下诏令谅祚严惩吴宗。但是谅祚根本不领情，非但没有惩罚吴宗，反而兴兵侵犯大宋边地秦凤路、泾源路，大肆抢掠，杀掠人畜数以万计，并进攻大顺城。宋将蔡挺派蕃官赵明抵御西夏军的进攻，驰援大顺城。而西夏由国主谅祚亲自率军来攻。在宋军的顽强抵抗下，西夏军大败，谅祚中流矢，乘夜遁去。谅祚并未因此罢兵，反而进攻柔远城，蔡挺又派张玉驰援柔远城。张玉亲率三千大军夜袭西夏大营，夏军无备，慌忙溃退。恰逢此时，是宋廷赐西夏银绢帛的时候。鉴于西夏的反复无常，屡屡兴兵，宋延州知州陆诜建议不要再赐予西夏银绢帛。大臣韩琦也主张暂停赐予西夏银帛。英宗觉得有理，支持暂停赐予西夏银绢帛茶叶等。宋廷拿捏住了谅祚的软肋，谅祚为了得到这些赏赐，于是上表谢罪，称都是边将贪功所致，请求宋廷宽恕。英宗得到谅祚的请罪，很高兴，下令赐予绢帛银两茶叶。不久英宗病逝，神宗继位，谅祚遣使吊唁，并贺神宗登基。

神宗继位后，致力于大有为，收复汉唐故地。在这个时候宋夏战争关系变得更加具有政治意味。神宗对于宋廷在对西夏的战争中败多胜少，感到愤愤不平，立志要为祖宗雪耻。因此，神宗即大位不久，宋神宗时期第一次与西夏的战争爆发了，史称绥州之战。这场战争由宋军挑起，种谔发起了收复绥州的战争，并很快收复绥州。在这个过程中，种谔向延州知州陆诜报告，而陆诜比较谨慎，对于西夏军以众来降，半信半疑，并告诫种谔要小心谨慎。神宗也在得到种谔之报后也是有点不放心，派遣转运使薛

第三章 变法目的

向会同陆洗询问清楚种谔具体情况，然后再作决定。虽然他们三人之间意见不统一，陆洗不赞成接受投降，薛向比较倾向种谔的意见，最终三人形成了一个"招抚三策"报告神宗。此时，神宗想着大有为，一雪前耻，遇此良机，神宗决定采纳种谔的建议，决心收复绥州。然而种谔早已迫不及待，没等神宗的命令，就擅自行动，突袭绥州，最终收复了绥州。

西夏国主谅祚知绥州被宋军攻破，大为恼火，打算率大军夺回绥州，却被部将李崇贵、韩道善劝止了。他们出计，以邀请参加边境会议为由，把宋知保安军杨定诱杀，并由此大肆入寇保安，烧杀抢掠。此举，进一步加剧了宋夏边境的紧张局势。由此，引发了宋廷大臣对种谔的弹劾，他们认为种谔无故生事，建议放弃绥州，杀掉种谔。对此，陕西宣抚主管机宜文字赵禼认为西夏杀害了王师的军官，此时放弃绥州，那就显得太软弱了。神宗本身就想大有为，因此，这件事情上没有选择退步，他任命韩琦主政永兴军，经略陕西。其后，郭逵探知杨定被杀是由于李崇贵和韩道善献计所致，神宗得报后，诏令谅祚送此二人到宋廷治罪。谅祚出于实际考虑，于是把李崇贵和韩道善献于宋廷阙下。经过神宗亲自审讯，二人认罪伏诛。

熙宁元年（1068），谅祚病逝，其子秉常继位。神宗遣使册封秉常为西夏国主。熙宁三年（1070）西夏军入寇环州、庆州。西夏这次兴兵的诱导因素，是在此前，西夏修筑闹讹堡，庆州知州李复圭派副将李信等阻止西夏人修城，结果大败而回。李复圭此举是为了讨好神宗，因为他听说神宗有平夏之志，所以李复圭急于表现，想借机打击西夏人，然而事与愿违。李复圭为推卸责任，不得不把副将李信等人斩首，并出兵袭击西夏人，杀其老幼200余人，以此谎称捷报领功。西夏为报复，于是大举入寇环庆二州，攻大顺城、柔远寨、荔原堡，拥兵20万。宋廷得知西夏大举来犯，朝臣纷纷请求出战西夏，韩绛和王安石都请求前往前线坐镇指挥，最后神宗选择了韩绛出任陕西宣抚使。

熙宁四年（1071）正月，韩绛到陕之后，重用此前被贬的种谔，令众将受其节制，引起番兵不满。韩绛与种谔策划出兵攻取横山，安抚使郭逵对此加以反对，他认为"种谔不过是一个妄为无知的人，朝廷世代重用种世家族，必定要贻误大事"。可是韩绛根本听不进郭逵的意见，还上奏朝廷把郭逵召了回去。没有了郭逵的制约，韩绛和种谔实施了对西夏新的计划，种谔率兵大败西夏军于啰兀城（今陕西省横山区东），并动用2万人筑城防守。西夏兵败后，心有不甘，随时都在寻机报复。不过，宋军这边也还是有清醒的人。吕公弼认为种谔开启边界争端不利，理应停止行动。然而被胜利冲昏头脑的君臣根本听不进去。在韩绛的请赏下，种谔得到旌表。

同年三月，西夏人攻陷抚宁（今陕西省米脂县）各城。起初，种谔进筑永乐川、赏逋岭二寨，分派都监赴璞、燕达筑抚宁各城，又分出荒堆三泉、吐谷川、开光岭、葭芦川四寨与河东路修筑，各相距40余里。不久，西夏军攻顺宁寨，便围攻抚宁城。当时，折继昌、高永能等人拥兵驻守细浮图，离抚宁近在咫尺。啰兀的兵势还尚完备，然而种谔在得知西夏军进攻的消息时，茫然无措，不知如何应对。他想写信召还燕达，手却颤抖不已，不能下笔，他回头看了看运判李南公，啼哭不止。主帅都畏敌如此，战败不可避免，很快西夏军攻下宋军修筑的城堡，宋军损失千余人。不得已，神宗下诏放弃啰兀城，治种谔失职之罪，责授汝州团练副使，安置在潭州。韩绛被罢去陕西宣抚使，改任邓州知州。不幸被郭逵言中。

熙宁四年（1071）与西夏的战争，对宋廷打击还是很大的。此后，直到元丰时期，宋夏战争又兴起。元丰四年（1081）六月，西夏国主李秉常遭到幽禁。庆州知州俞充深知神宗有用兵西夏的战略意图，因此，屡次上书请求征伐西夏。而这次机会来了，他禀告神宗说："原为秦州人的西夏将领李清，说服了李秉常以河南之地来降，不料，此事被李秉常母后梁氏所知，梁氏趁机斩杀了李清，幽禁了李秉常。"这是千载难逢的好机会，应该兴师问罪。

神宗还是被俞充说动了，因为他内心中就时刻有吞灭西夏之志。

七月，神宗诏令熙河经制李宪等人会合陕西、河东五路大军，大举进攻西夏。在下定决心之前，神宗又召种谔入京答对，志大才疏的种谔又再次被起用，他对神宗说："夏国无人，秉常只是一个毛孩子，我大军一到，西夏必然手到擒来。"于是，神宗决意征伐西夏。但遭到了大臣孙固的反对，孙固说："发兵是件很容易的事，解除祸患却很难做到，不可大举西伐。"神宗说："西夏有隙可乘而不攻取，便会被辽人所占有，不可失去这一机会。"孙固说："必不得已，请声讨西夏的罪行，然后出兵征伐，分裂西夏领土，使他们的酋长各自为守。"神宗却笑道："这真是郦生的说教啊！"孙固继续劝谏道："谁能为陛下担负此项重任？"神宗说："朕已经安排李宪了。"孙固又劝说道："征伐夏国的大事，任用宦官担当大任，将士们能肯从命吗？"神宗听后很不高兴。过了几天，孙固又说："五路大军，谁为统帅，如果没有统帅，即使成功了，必然会导致兵乱。"神宗怒道："朕何不知总帅重要，但无人堪命耳！"吕公著接口说："若无总帅，不如罢兵。"孙固马上说："公著所言甚是，请陛下俯纳。"神宗生气道："朕意已决，卿等不必复言。"孙、吕二人无奈而退。

最终，神宗还是按照原先的五路大举征伐的计划出兵西夏。

李宪由熙河出兵,种谔从鄜延路进兵,高遵裕从环庆出兵,刘昌祚从泾源出兵,王中正从河东出兵,分道同时并进,又诏令吐蕃首领董毡率兵参加征伐。

八月,李宪统领熙、秦七军及董毡兵3万,攻破西市新城,又在女遮谷袭破夏人,斩首俘获甚众,收复古兰州,并在此建城,设立帅府。九月,鄜延经略副使种谔出绥德城,进兵米脂。西夏军8万前来救援,种谔与夏军战于无定川,大败夏军,攻克了米脂。十月,环庆经略使高遵裕率步骑8.7万人从庆州进兵,大败夏军,收复了通远军治所。同时,种谔派遣曲珍率兵通黑水安定堡,也大败夏军。内使王中正率泾源士卒出麟州进兵,渡过无定河,沿河北上,无功而返,后进入西夏宥州,斩杀城中遗民,掠夺城中的牛来充饥。同时,刘昌祚率番、汉兵5万,受高遵裕节制,两路合并伐夏。刘昌祚番汉军很快攻入西夏境内,而高遵裕军未按期到达。刘昌祚军逼近西夏境内灵州(今宁夏灵武西南),几乎攻入灵州城门,高遵裕却毫无大将风度,怕刘昌祚抢夺头功,急速派人制止刘昌祚军进城,刘昌祚只得按兵不动。三日后高遵裕军到达,遂联合攻城,围攻灵州18日久攻不下,夏人利用这几天时间,加强了守城战备。西夏人决黄河七级渠水淹宋军兵营,又断宋军粮道,宋军被溺毙无数,损失惨重,剩余士兵不到1万人，刘昌祚也只好兵还泾源。

种谔留千人守米脂，亲率大军进攻西夏境内的银、石、夏三州，攻破石堡城，进至夏州，驻军于索家平。种谔正与大校刘归仁登山赏雪，忽闻急报，后面粮饷辎重，尽为夏军抄没。军营鼓噪，士卒哗然。刘归仁不顾种谔，竟先率部溃逃而去。种谔无奈，也只好随之溃逃。时值隆冬，地冻三尺。可怜宋军兵士饥寒交迫，死亡枕藉。出兵时9.3万人马，回来时只剩3万军人了。五路中，李宪在天都山安营扎寨，焚烧了西夏的南牟内殿及其仓库。追袭西夏统军仁多唆丁，击败夏军。这时，李宪已听到其他各路退兵的战报，自己一路也不敢再孤军深入，于是班师回兵。原五路宋军约定至灵州会齐，各路进入了灵州境内独有李宪一路未入，因而未受损失。

当时，西夏在面对大宋五路大军压境之时，夏人不免惊恐。然而李秉常母后梁氏出奇镇定，她在询问对策时，年轻的将领都请求决一死战，唯一老将独排众议，向梁氏建议道："宋军远道而来，利求速战取胜，而我军应当避其锐气，坚壁清野，诱他们步步深入，消其士气，劳其将卒。同时在灵夏聚集劲兵，以逸待劳，再遣轻骑袭击其后路，断其粮道，宋军不战而退。"梁氏大喜，遂依计而行。果然，西夏用坚壁清野之计大败了急于取胜的宋军。宋军大败，宋神宗痛心不已，后悔没有听孙固他们的建议。于是按罪论罚：贬高遵裕为郢州团练副使，本州安置；种谔、刘昌祚、王中正均降官职，唯独李宪没有受罚，还授李宪为泾原经略安抚制置使，兼知兰州。

元丰五年（1082）四月，李宪奏请再次西征西夏。神宗以此事征询大臣的意见，王珪说："以前打败仗是因为用度不足，现在财政充裕，可以打胜仗了。"而王安礼不以为然，他提出以钞易钱，以钱换物，辗转周折，来不及供军用。神宗说："李宪已经有所准备了，他一个宦官都能有这样的报国之志，卿等为何没有建设意见？唐代平定淮蔡，唯独裴度的谋议与主上相同，现在这样的人不出于公卿之中而出于宦官，朕以此为耻！"王安礼反驳说："唐宪宗讨平淮西三州，将有李光颜、李愬之勇，相有裴度之谋，尚且穷竭兵力，经年历岁，方成定局。如今西夏强盛，非淮蔡可比，李宪与诸将，谋勇不及裴度、二李，臣恐未能负圣意呀！"神宗却不再说话了。

六月，环庆经略使派遣将领与夏人交战，击破敌军。同时，曲珍等人在明堂川大败夏军。八月，延州知州沈括建议："在横山筑城，居高俯视平夏，使虏不得跨越沙漠入寇。"种谔自以为征西武功，乃上朝廷献策，提出要平定西夏应从攻取银州开始。神宗对此表示赞同，于是派遣给事中徐禧及内使李舜举到鄜延商议此事。王安礼向神宗谏道："徐禧志大才疏，恐误国事！"神宗不以为然。李舜举见到宰相王珪，说："国家在西北边境上设堡垒甚多，这是卿大夫的耻辱，相公当权，把边防上的大事托付给两名内臣，可以吗？内臣担任禁廷内洒扫的事情可以，怎么可以担任将帅大任呢？"王珪说："朝廷把边防上的事托付给押班及李留后，无有西顾之忧了。"不久，徐禧来到鄜延，查看地理形势后，徐禧认为不宜在横山筑城，而应在永乐筑城。种谔对此不赞成，他认为在横山筑城更有优势，因为"横山广袤千里，盛产马匹，适宜稼穑，物产丰富，地势险要，又可居高临下，俯视兴、灵，直捣夏都。在此筑城，正当要冲"。徐禧反驳他说："此处旧城东南已被河水淹过，西北又阻天堑，不如永乐形势阻险。"两人意见不一，只好请神宗裁决，最后神宗同意徐禧的建议，筑城永乐。神宗令徐禧筑永乐城，令沈括总领士兵以为援助，并让陕西转运判官李稷主管粮饷供应。经过14天的辛勤努力，永乐城筑成，神宗很高兴，赐名银川寨。徐禧、沈括及李舜举等人退还米脂，留曲珍统领1万人驻守永乐城。银川寨距离西夏银州25里，地当银州要冲，夏人必以死来夺。这是种谔不赞成在此筑城的原因。

果不其然，不幸为种谔言中，银川寨筑城完成后不到10天，西夏人就兴兵来夺城。夏人以千骑来攻永乐城，曲珍派人报告徐禧，徐禧与李舜举、李稷前往援救，留沈括守米脂。不久，西夏举兵30万来攻银川寨,徐禧却很高兴,认为这是建功立业的好机会。大将高永亨说:"永乐城小人少,又没有泉水,恐怕不可坚守。"徐禧以高永亨动摇军心,降低士兵士气,将其带械押送延州狱中。徐禧到达永乐后,大将高永能说:"夏人先到来的都是精兵,待他们尚未布列成阵,急速攻击则敌人就会惊骇逃散,后面继续到来的必不敢前进。"徐禧却说:"你知道什么,王者的仁义之师,在敌人尚未布列成阵之前,是不应当击鼓进攻的。"曲珍陈兵于水边,将士都有恐惧的颜色,曲珍对徐禧说:"现在军心已经动摇,不可交战,交战必败,请收兵入城。"徐禧却说:"你身为大将,为什么遇到敌人先自行退却?"于是陈兵7万于城外。西夏军先遣铁骑渡河来攻。曲珍又忙对徐禧说:"这是铁鹞子军,不可轻视,须乘其半渡而击之。若使之渡过河来,横冲直闯,无人再敢挡了!"徐禧竟然充耳不闻,他白了曲珍一眼,说:"堂堂王师,岂可乘敌半渡而击!待他全渡过河,正好一举扫尽,不劳他日再征战呢!"曲珍无奈退了下来,喟然长叹:"吾军今无葬身之地矣!"徐禧不听曲珍的建议,夏军全部渡过了河,发起了猛烈的冲击,曲珍的精锐不能挡住,纷纷溃败,前后践踏而死者无数。曲珍收拾残军入城,夏兵围城数层,兵厚数里,并占据宋军的水寨。曲珍带领士兵昼夜血战,城中缺水已经数日,掘井而不得泉水，渴死者甚众，甚至出现了绞马粪汁饮用的惨状。沈括、李宪的援兵及粮饷被夏兵所阻，不得前往。种谔怨恨徐禧，不派兵救援，城中大急。恰逢半夜天降大雨，夏人环城急攻，永乐城被攻破。徐禧、李舜举、李稷、高永能都被乱兵所杀，独曲珍逃走，捡了一条性命。此役，将校死者数百人，丧失士卒、役夫20余万。夏人在米脂城下耀武扬威而还。

自熙宁用兵以来，共取得西夏葭芦、吴堡、义合、米脂、浮图、塞门六堡，然而，灵州、永乐两役，官军、归附的羌人及义堡使者达60万，耗费钱谷银饷不计其数。

宋军大败的噩耗传来，神宗悲痛万分，当朝失声痛哭，甚至多日不食，他的精神因此受到了强烈刺激，身心都由此而遭到沉重的打击。他后悔不听臣下劝谏，自此无意西进。由此，彻底打击了他吞灭西夏大有为的志向。经此灵州、永乐之战，西夏与宋朝强弱之势发生了逆转，宋军处于守势，再也无力进攻西夏，而处于攻势的西夏则常常举兵攻打宋朝。

元丰六年（1083）二月，趁宋朝新败，元气大伤，西夏发动50万大军围攻兰州，不久占据两关。李浩闭城据守。钤辖王文郁请求出击，李浩不许。王文郁又说："贼众我寡，应当折其锋芒来安定众心，然后可以守城。"李浩最终同意了王文郁所请。当晚，王文郁率700余名敢死队队员,突袭西夏军,夏军不辨来由,混混沌沌已成刀下之鬼,顿时营帐哄乱,惊溃而逃。五文郁与700余士卒,杀退了西夏几十万大军夺回关寨。李诰大喜,据实上报。神宗嘉奖王文郁,比之于唐朝大将尉迟敬德,并擢其知州事。

不久,西夏人又分道入寇,但都被各路宋军所败。连年征战,也使得西夏人困马乏。西夏国主李秉常令南都统嵬名济致书刘昌祚,请求通使和好如初。刘昌祚上报神宗,神宗此时也很厌战,于是命刘昌祚答之。西夏国主李秉常派谟个咩迷乞来京师朝贡,并要求岁赐如旧且归还边地。神宗准岁赐而拒绝还地。

西夏索地不得,心生怨恨,遂发兵攻打宋境,号称80万大军来攻打兰州,西夏国主李秉常亲自指挥攻城,云梯革洞,百道并进。在李宪的奋力抵抗下,西夏军连攻十昼夜都无法攻下兰州,且夏军军粮告急,只得退兵而回。不久,夏人又攻延州德顺军、定西城以及熙河诸寨,均不得逞。转而又围定州,又被熙河守将秦贵所退。经过这些战役后,李秉常意识到与宋朝连年大战,得不偿失,于是有所收敛,宋夏关系暂时趋于缓和。宋神宗在位之际的宋夏之战,也只能以此种结局收场。

不过,这对于一个立志于为祖宗雪耻、欲大有为的君主来说,是多么不甘心;对于一个立志于吞灭西夏、再造中华的君主来说，又是多么残酷。但是，这就是现实，这就是历史。纵使神宗雄心万丈，雄才大略，但生不逢时，只能听天由命了。

与辽新议

北宋与辽朝的关系具有重要地位。强大的辽朝一直是宋朝心中的梦魇，北宋开国之初，尚还有勇气与辽作战，试图收复幽云十六州，最终都以失败告终了，从此对辽基本处于守势，患上了恐辽症一点也不为过。从此宋朝采取了守内虚外的政策，武功不振。直到澶渊之盟签订后，宋与辽基本维持了很长一段时间的和平。终宋真宗、仁宗、英宗之世，宋对辽处于守势。神宗继起，渴望有所改变，在王安石的支持和鼓舞下，宋朝开始不再满足收复幽云十六州，而是要实现大一统，吞灭辽和西夏，平定交趾，尽复汉唐故地。此时，天下基本上是辽、宋、西夏三足鼎立，崛起的西夏成为宋朝新的对手，在西北对宋朝造成了巨大的压力。辽朝常在宋朝对西夏战事不利的情势下，对宋朝进行敲诈。

熙宁五年（1072），辽朝兵马在宋辽边界上活动，给宋朝造成了辽朝有大举入侵的假象，边境官员汇报说契丹在拒马河设立哨所。为此，引起了北宋朝廷的一阵恐慌，宋神宗召集大臣多次讨论如何应对。王安石坚持认为把主要精力放在对西夏的战争上，只有对西夏战争取得胜利，才足以威慑契丹，契丹不过是虚张声势，不足为忧。最后证明此事只是虚惊一场。

熙宁六年（1073），宋朝熙河之役中取得很大的胜利，成功对蕃部进行招抚。在北宋王朝按照计划准备对西夏用兵之时，契丹派来使者提出了重新划界，认为宋朝侵占辽的蔚、应、朔的境土，必须重修划界。

熙宁七年（1074），辽朝派萧禧出使宋朝，希望重新定立疆界。萧禧走后，宋廷派太常少卿刘忱等出使辽朝。辽朝枢密副使萧素与刘忱会于代州边境上。刘忱及时向神宗汇报了会谈情况，神宗下令枢密院评议此事，手诏判相州韩琦、司空富弼、判河南府文彦博、判永兴军曾公亮，条陈对此事的看法。韩琦认为契丹之所以会提出来重新划定疆界原因有七：一是高丽臣属辽朝，与宋朝很久不通朝贡，因为船舶贸易，宋朝与高丽的关系得到加强，这会使辽朝认为宋朝与高丽加强联系，目的是图谋辽朝。二是熙河之役，设立熙河路，使契丹感觉到宋朝有图谋攻辽之举。三是在宋辽边界种植榆树、柳树，希望等这些树木成长了起到制约契丹骑兵的作用。四是创立保甲制度，全民皆兵，让辽朝感到威胁。五是河北路诸州修筑城池，让辽朝感到威胁。六是设置都作院，打造新式兵器和战车，使辽朝感到恐惧。七是在河北诸路设立了三十七将，这让契丹忧虑。辽朝本来就是敌国，宋朝搞出这些声势，使辽朝不得不产生怀疑。韩琦所条陈的七条意见，表面上是对辽朝重开划定边界的原因的分析，实际上是把责任推到新法上，是对新法的不满。韩琦提出了：废除新法的青苗法、市易法、免役法，兴农桑，发展商业，巩固国家根本，并遣使向辽朝解释边界上的变动是和往常一样，没有针对辽朝之意。韩琦等这些主张，实质上还是对新法充满了敌意。韩琦所提建议，并没有打消宋神宗对辽朝可能入侵的忧虑和如何应对划界的担心。

果不其然，熙宁八年（1075），辽朝又遣使来商议边界之事，刘忱等与辽朝萧素在大黄平商议疆界事，经过三次商谈和交锋，没有结果。辽朝再次派萧禧出使宋朝，下国书，指出刘忱等在谈判上的迁延，要求改派使臣再议。神宗看了辽的国书后，改命天章阁待制韩缜前去与萧禧会谈。

韩缜与萧禧会谈的过程，也是充满了艰辛。争辩非常激烈，有时争论至晚上。萧禧主张以分水岭为界的意见不变，这是辽朝的一贯主张，并威胁如果没有明确的答复就不回去。神宗无奈，只好再派遣沈括出使辽朝。沈括接到任命后，并没有贸然出使辽朝，而是在枢密院查阅了宋辽交涉档案，查到了英宗治平二年（1065）与辽朝议界时的条约和地图，当时宋辽分界是以古长城为界，与现在辽朝主张的黄嵬山为界，相差30余里，沈括主张不能退让。神宗接到沈括的进奏后，非常高兴和惊愕，对沈括赞赏有加，认为沈括此举有功于国家。特将这一从天而降让人高兴的条约及地图交给辽使萧禧阅看，萧禧看后，无言以对，开始由傲慢变得屈就起来。为此，神宗赏赐沈括白金千两。

在做足了功课后，沈括开始出使辽国。沈括至辽国，与辽国宰相杨益戒进行谈判。在谈判过程中，沈括不卑不亢，据理力争，始终坚持旧约原则，无论辽国如何刁难，沈括始终毫不畏惧。杨益戒恼羞成怒，轻蔑地说：“区区数里地都不让，难道想永绝宋辽和好吗？”沈括说道：“师直为壮，曲为老。今北朝弃先君之大信，以威用其民，非我朝之不利也。”沈括告诫辽国宰相，如果背弃信义，威迫人民与战，是对辽朝不利的。这样，沈括与杨益戒先后进行了六次会谈，都无法使沈括屈服。于是，杨益戒又提出了不以黄嵬山为界，而以天池为新界。沈括不答应，谈判无果，沈括辞归汴京。在归来的路上，沈括对所经山川险要之地详细记录，对风俗习惯、人情向背详加了解，据此绘成《使契丹图抄》献给朝廷。沈括不辱王命，出色完成了任务。

沈括出使辽国并没有从根本上解决边界问题，神宗对于与辽国划界问题还是忧心忡忡。他在向大臣张方平问计的时候，张方平回顾了自太祖以来，宋与辽之间的和战关系，边境管和管控问题。认为现在有大臣和将领想开疆拓土，都是功利心在作祟，不利于皇帝的统治。并认为契丹与宋朝通好，安于现状，不会出兵。神宗在听完张方平的意见后，提出了要兴兵北伐契丹，而张方平认为起兵是祸患。神宗在犹豫不决的时候，问计主张通过变法图强以吞灭辽国的王安石，希望能得到王安石的支持。王安石认为现在的情况不宜对辽国用兵，主张和平解决，提出了暂时给它，等到合适的机会再夺回来，所谓"将欲取之，必先与之"。听完王安石的意见，神宗还垂询了太皇太后的意见，也是主张不要轻举妄动，不要贸然兴兵。

于是，在多方势力的影响下，神宗最终打消了北伐辽国的念头。神宗诏韩缜到河东，按辽国提出来的以分水岭为界的主张，割地畏辽，宋朝因此损失700里大好江山。辽朝对宋朝保持压制的优势，这对于积极有为的神宗皇帝来说，无疑是巨大的打击和历史悲剧。对于变法来说，也是一个巨大的打击。本来变法的目的是要吞灭辽国，没有想到，在变法的过程中，反倒丧失了领土。这对变法图强的初衷来说，无疑是巨大的讽刺。

平定交趾

交趾一直以来都是汉唐故地。交趾独立成为一个国家，是从五代十国时期开始的。在这个时期，趁中原内乱，交趾先后建立杨氏

第三章 变法目的

政权、吴氏政权。自宋代，宋太宗曾派兵征伐交趾，目的是统一交趾，重新纳入中原王朝版图，结果以失败告终。但交趾自宋太祖以来，朝贡不绝。神宗继位后，封李乾德为交趾郡王，修贡如故。

平定交趾是王安石和神宗变法既定的重要战略目标。但是神宗还没有做好伐交趾的准备。邕州知州萧注、桂州知州沈起，却心怀平定交趾的想法。他们看到神宗立志大有为，欲开边拓土，且王韶、章惇、熊本等人建立了赫赫功勋，因此，他们想借平定交趾，达到建功立业、扬名天下、加官晋爵的目的。熙宁八年（1075），桂州知州沈起派遣官吏进入溪水岩洞，召集土人壮丁组成军队，又在融州强行设置城寨，杀人数以千计。交趾将此事报告宋廷，希望宋廷约束边官，宋廷为此罢免了沈起，以刘彝代替了沈起为桂州知州。然而，刘彝并没有吸取沈起的教训，甚至比沈起走得还远。他罢除了驻守在广南的北方籍士兵，改用枪杖手，又修建战船，很明显有取交趾之意。此外，还断绝与交趾人的互市贸易，不许交趾人向宋廷反映意见。刘彝的做法让交趾很不爽，于是，很快他们就发动了对宋的战争。交趾兵分三路，一路攻广府，一路攻钦州，一路攻昆仑关，接连攻陷钦、廉两州，杀当地壮丁达 8000 人。刘彝因此被撤职，永不录用。

熙宁九年（1076），交趾围攻邕州，邕州知州苏缄奋力抵抗，

117

因无外援，邕州城被攻破。苏缄以死践行了忠义，全家36人死于此难。邕州城内百姓被苏缄忠义感动，全城没有人投降交趾军，交趾军在城内大肆屠杀，共计5.8万余人遇难，尸横遍野，满目疮痍。神宗获悉邕州城破后，大为震惊，旌表苏缄为奉国节度使，谥号"忠勇"。

当时，交趾人入侵宋境，声称是宋廷推行青苗法、助役等新法，导致百姓穷困，他们发兵是为了拯救宋朝百姓。王安石听后非常生气，任命天章阁待制赵卨为招讨使，率兵讨伐交趾。赵卨认为自己不如郭逵熟悉边防事务，于是以郭逵为安南招讨使，赵卨为副使。王安石还亲自起草《讨交趾榜》，调桂州、潭州（今湖南省长沙市）兵策应征讨。还命占城、占腊两国合兵夹击交趾。

郭逵、赵卨率军星夜兼程，抵达潭州，分派裨将攻取钦、廉州，郭、赵率兵西进。钦、廉传来捷报，两州已克。郭逵乘胜进兵，至富良江，见交趾兵乘坐大队战船，帆樯如林，只得停渡。面对这种情况，安南招讨副使赵卨建议："先造渡河的战船和攻船的器具，进而焚毁交趾战船，并出奇兵，不怕不胜。"郭逵同意赵卨意见，于是，分兵伐木造攻船器具，经过一段时间的准备，宋军造出了大量发石机械，并运到江边，整装待发。在郭逵的一声令下，宋军大量发石机械万炮齐发，交趾战船遭到石炮的沉重打击，沉入江底无数。宋军乘势乘船急攻，斩首数千，杀交趾太子李洪真，群龙无首，交趾军大败，宋军大获全胜。

宋军大胜，不少将领认为应乘胜追击，郭逵、赵卨却认为"虽然获胜，交趾军也没有战斗意志，闻风丧胆，正好可以乘势追击。但是宋军很多士兵来自北方，水土不服，又不习水战，且瘴气弥漫，八万兵众，已死伤病过半。不如缓渡富良江，暂掠江北地，借此示威。若李乾德肯来谢罪，便可收兵了"。就这样，分兵攻取了广源州、门州、思浪州、苏茂州、桄榔县诸地。交趾国主李乾德感到畏惧，于是遣使奉表纳款请罪，请求议和。神宗允其所请，赦免其罪过。郭逵、赵卨胜利班师回朝，群臣称贺。神宗下令改广源州为顺州。

不久，李乾德遣使入贡，并送归所掠兵民。神宗见他真诚悔过，赐还顺州，并其余二州六县之地。李乾德感激皇恩，拜表称谢，不复再叛了。终宋之世，交趾贡纳不绝。

神宗即位的前十个年头，烽火迭燃，硝烟弥漫，至此，终于和缓了下来。

三、未尽的使命

王安石和神宗变法，最终的目的是达到尽复汉唐故地战略目标，重振汉家王朝的雄风，富国强兵只是手段和具体方法而已。然而，事与愿违，千百年来让人们不胜感慨。王安石和神宗主持的熙丰变法是失败了，未达到、未完成尽复汉唐故地的战略需要，未从根本上完成富国强兵。未尽复汉唐故地，实际上也影响了变法的持续，影响了君臣乃至臣民对变法成功的信心。因为，对外战争的胜利成为检验变法是否成功，变法是否得当、必要的重要试金石。然而，在熙丰新法期间，屡次对外战争最终几乎都失败了，没能从根本上扭转对辽、对西夏守势和劣势地位，这也就不能从根本上堵住反对派的悠悠众口，变法也就不可避免遭受失败。

变法不成功，使命当然就无法完成。变法成功与否决定了使命完成与否，使命完成与否，制约变法成功与否。拿富国强兵来说，王安石和神宗的变法虽然较祖宗之法有所进步，但也只是对宋代立国百余年来祖宗之法的修修补补，没有从根本上对不合理的制度进行革命性改革。如将戍法，较之以前的领兵和训练士兵之法有了进步，加强了将领的主动权，但是这种主动权依然是受到很大的限制的，始终没有摆脱赵宋家法之削弱兵权、将权的窠臼。虽然说熙丰新法时期，宋军战斗力有所提高，但远远不够，这也就制约了对辽、对西夏战争的胜利。所以，还是变法的不彻底性导致了使命无法完成。

第三章 变法目的

变法的成效严重制约了使命的完成。王安石和神宗的熙丰新法实际是失败的变法。变法没有完全达到富国强兵的目的，因此，严重制约了尽复汉唐故地的完成。但熙丰变法在某种程度上达到了富国强兵的目的，积累的大量财富，支撑了神宗时期的对外战争。所以，使命的完成是成也变法，兴也变法，败也变法。

按照王安石的伟大战略，第一步是收复幽云十六州，第二步是平定西夏，第三步是平定交趾，第四步是吞灭契丹。战略和使命固然伟大，然而实行起来艰难万分。在整个变法实行过程中，对收复幽云十六州和吞灭辽的战争，从头到尾都没有付诸行动。相反，辽趁宋夏战争热火朝天时，却来勒索，致使丧失了原本属于赵宋的祖宗之地成为辽朝的新土，这对变法无疑是一种莫大的讽刺。原本是要收复失地，结果却又丧失土地，可谓是丧权辱国了。对西夏战争也并没有从根本上吞灭西夏，由于对西夏战争中的失败，反而使原本宋朝牢牢把握对西夏战争的主动权丧失了，攻守之势发生了逆转。这不得不令人痛心，增加了平定西夏的难度和成本。对交趾的战争也是如此，效果不是很明显，加剧了交趾独立向外的发展态势。

未尽的使命，让历史充满了无限的遗憾；未尽的使命使王安石和神宗抱憾终生。

未尽的使命，使神宗的后继者们前赴后继；成为北宋王朝的神圣使命和宿命；北宋之亡也许是对未尽使命的执念太深。神宗的后继者，哲宗亲政后，也是效法神宗，推行变法，也想着收复汉唐故地、幽云十六州。因此，哲宗继位后，掀起了对西夏新一轮的战争，并取得了平夏大捷，遏制住了西夏对宋的侵扰，扭转宋夏攻守态势，但还是并未从根本上赢得对西夏战争的胜利，达到吞灭西夏的目的，反而陷入了战争，加剧了国家负担。

哲宗的后继者徽宗也是对西夏战争乐此不疲，但是并没有从根本上达到吞灭西夏的目的，也是徒然无功。然而在徽宗朝，女真人兴起，辽朝在女真人的打击下，面临亡国的命运。赵宋王朝由于对幽云十六州的心心念念，与女真达成了海上之盟，开启了收复幽云十六州的进程。然而，这也成为北宋覆灭的祸端。而这些，归根结底还是对未尽使命的执念。

未尽的使命其实就是历史和命运，天时、地利、人和并存，方能完成。不然，只能增加新的屈辱。北宋后期的历史，很好地说明了这一点。历史总是教训深刻，然而又有多少人吸取了历史的教训呢？

第四章

变法争论

纵观中国历史，乃至世界史，各种形式的变法无不是充满荆棘和曲折，充满了争论和争议，或流血牺牲，或流于昙花一现。熙丰年间的王安石与宋神宗的变法也未能避免，从变法之前围绕王安石的执掌权柄就开始了斗争。变法出台后也不断遭到顽固派、保守派大臣的反对和批评乃至严重的人身攻击，使变法充满困难和艰辛，在曲折的道路上越走越远。并随着王安石、宋神宗的相继离世，变法又遭到了毁灭性的打击，废除新法成为保守派大臣执掌政权之后雷厉风行之能事，然而等新君哲宗亲政后，又大力排斥保守派，重新恢复变法，这样一反一复，折腾的不只是人民，还有孱弱的北宋王朝。

一、该不该重用王安石

英宗去世后，即位之初的新君神宗渴望改变困境。作为一个年轻的君主，这种渴望很迫切，他需要一个贤能的大臣担任起变法的大任。久负盛名的王安石早早就进入了神宗的视野，为了重用王安石，扫清变法的障碍，神宗曾经多次向身边的大臣征询关于重用王安石的问题。不少大臣对重用王安石持否定意见，主要以韩琦、苏洵、富弼、吕诲、唐介、范纯仁、张方平等为代表。反对重用王安石，实质是反对变法，反对推行新法。

吕诲认为王安石不通时事，不能大用，重用是不合适的。司马光很愕然，说："众人都认为皇帝喜得人，你为何这么议论呢？"吕诲说："王安石虽然有盛名，但喜欢偏执己见，轻信奸佞。喜欢别人附和自己，听到美言很高兴，当宰辅，天下必然受到其祸害。"认为王安石实则是大奸似忠，大诈似信，外表看很朴实，内心是藏了不少诈，必误害天下。

富弼也是反对重用王安石。王安石主持变法时与富弼不合，富弼不能与王安石相争，多次以身体健康问题提出致仕，写了几

第四章 变法争论

十封奏章给神宗，希望辞官归隐。有一次神宗召见富弼，问他："你去职以后，谁可以替代你成为宰相。"富弼向神宗推荐了文彦博，神宗皇帝沉默了很久，又问："王安石担任宰相如何？"富弼也是沉默不语。于是，神宗准其所请，让富弼出掌亳州。富弼为人恭俭孝敬，嫉恶如仇。后来经常对人说："君子与小人在一起相处，君子在势头上不如小人。君子在权势上不胜，就只好奉身而退，开心快乐没有烦恼。小人权势不胜，就是结党营私，千方百计达到了胜利的目的才罢手，当小人得志的时候，就会毒害正直善良的君子，这样天下不乱，是不可能的。"富弼说的这番言论，无疑是针对王安石的，实际是把王安石比作小人，认为王安石担当大任必然导致天下大乱，危害国家安全。

司马光早前与王安石相交甚厚，一度惺惺相惜。而变法使两个人最终分道扬镳。神宗在要用王安石为相时，曾经也问过司马光的意见，司马光认为外界说王安石奸邪是毁誉太过了，但是王安石不通人情世故，又很执拗，所以是不能担当宰相的。

张方平也是反对重用王安石。司马光调任翰林学士之后，御史中丞空缺，神宗想让王安石补缺，张方平却反对，最终因为张方平的反对而作罢。张方平历来对王安石印象不佳，觉得这个年轻人狂妄自大。张方平的这种印象，要从庆历六年（1046），张方平与王安石的一段交往说起。这一年张方平担任科举考官，有人向他推荐王安石文学才华出众，张方平因此请王安石参与阅卷。出乎张方平意料的是，王安石这个年轻人不知天高地厚，进入贡院后，看什么都不顺眼、不满意，横挑鼻子竖挑眼，什么都想改过来。这一副横冲直撞、不懂得收敛的架势，让张方平很不高兴。最后，他实在忍无可忍，干脆把王安石赶出了贡院。这是张方平与王安石的第一次交往，但从此以后，二人再无私交。正是基于这次交往，导致张方平对王安石印象不佳，因此反对重用王安石。

该不该重用王安石，已成为北宋君臣争论的焦点，究其实质是该不该让王安石来主持变法的问题，该不该贯彻王安石变法思想和内容的问题。总结以上反对重用王安石的言论，几乎一致指出了王安石的人品和道德问题。认为王安石为人有瑕疵，不足以担当大任。道德、人品在古代社会是十分被看重的，以至于成为评判一个人的价值尺度。因此，这些争论影响了后世人对王安石的看法。不过，神宗皇帝并没有听信这些大臣的进言，还是决定重用王安石推行变法。

从王安石的立场来看，凡是阻碍变法的人和事，都必须扫除，他需要的是完全的支持。而站在反对派的立场看，已触犯了他们的利益，即便是变法，也是要反对的，况且王安石变法和做事手段，让他们觉得过于专断，所以必须反对。而要反对变法，必须从反对重用王安石开始。因此，双方的矛盾已无法调解，可见变法充满阻力和反对是必然的。

二、韩琦的反对

韩琦反对王安石变法，认为是祸乱天下。韩琦对变法持反对态度，而对青苗法反对最为激烈，在诸多反对变法和青苗法的大臣中，韩琦具有典型性。

当时韩琦被外放在河北任安抚使。熙宁三年（1070），韩琦上了一道奏疏表达他对青苗法的看法：青苗法应该有利于小农，在青黄不接和急需的时候不被兼并之家趁机加息，政府也不得收入。现在推行的青苗法规定，是乡村户一等以下都要借钱数贯，三等以上更允许增加借钱，而且农村上等户和城市有物业的坊郭户，一直以来都是兼并之家。现在借钱1000钱，还纳1300钱，这是官府亲自放钱取息，这是与当初推行青苗法诏书的内容相违背的。同时，青苗法禁止抑配勒索。然而，不抑配而散在上等户头上，上等户就会不情愿请纳青苗钱。下户也许愿意请纳青苗钱，请的时候很容易，纳的时候就很难，将来必然会有监督强索的隐患。陛下躬行节俭以治天下，自然国家财政就不缺乏，为何使兴利之臣纷纷四出，以致远近的人都很疑虑。乞求罢免诸路提举常平官，次第委任提点刑狱官依照常平旧法实行。

在韩琦看来，青苗法增加老百姓负担，加剧老百姓与国家的矛盾。认为应该废除青苗法，回到以前常平仓的做法，实际上是明确地反对新法。他看到了青苗法有很多不足和需要改进的地方，对当时因散青苗钱存在的危害有清醒的认识。因此，他的奏疏获得了神宗皇帝的赞赏。神宗皇帝把他的奏疏拿给宰相大臣看，并说韩琦是忠臣，虽然外放，却不忘国家大事。我一开始认为青苗钱可以有利于人民，没有想到却害了老百姓，像韩琦所条陈的那样，况且城市坊郭户怎么会有青苗钱，却是推行新法的官员强行加在他们头上的。王安石听后很生气，进言到，如果是遵从城市坊郭户的真实需要，那么青苗钱散给城市坊郭户有什么危害呢？王安石说："韩琦的奏疏，像桑弘羊垄断天下货财，以供皇帝私用，这才是兴利之臣。现在陛下推行常平法之所以帮助人民，至于收取利息，也是周公流传下的遗法，抑制兼并，赈济贫穷弱小，并非是满足自己的个人欲望，怎么可说是兴利之臣呢？"

然而，神宗皇帝一直以韩琦的奏疏来怀疑青苗法的推行是否正当，王安石因此假称生病足不出户。神宗皇帝和宰执大臣商量罢除青苗法，大臣赵抃向神宗说等王安石上朝再议。王安石请求离任，神宗命令司马光草拟回答王安石请求的诏书，诏书中说青苗法的推行，导致士大夫议论纷纷，黎民百姓骚动。王安石不以为然，写了封奏疏为自己辩解，神宗让吕惠卿传达口谕。韩绛劝神宗皇帝挽留王安石，王安石进宫答谢。因而说道："中外大臣、从官、台谏结成朋党，想要败坏先王的正统之道，以达到阻碍陛下变法的目的，这是他们所以纷纷要求罢除青苗法的原因。"神宗皇帝听后，觉得王安石说得也有道理。王安石因此重新执掌大权，推行新法更加坚定。神宗皇帝下诏把韩琦的奏疏交给制置条例司，命令曾布疏浚刊石，颁布天下。韩琦急切上疏申辩，说王安石妄加引用周礼，以达到迷惑皇帝的目的，韩琦的上疏，没有得到上报。韩琦见反对青苗法无果，上疏请求解除河北安抚使之职，只领大名府路安抚使。王安石为了阻止韩琦反对青苗法，于是遵从了韩琦所请。

此外，韩琦还反对推行免役法，认为推行免役法次第取钱，不利于小农。韩琦也反对市易法，认为这是增加弱小商民的负担。总之，在韩琦看来，推行新法，会使农业不振，商业不兴，人心涣散，导致国家统治基础动摇，危机不断。韩琦认为治国之本，在于"当先聚财积谷，募兵于民，则可以鞭笞四夷"。韩琦作为三朝元老，他的反对声音更具有杀伤力，影响很大，足以影响到朝野对新法的看法。

三、王安石与司马光的交锋

司马光是当时名满京城、很有影响力的官员。在变法前,他和王安石相交甚好,彼此互相欣赏,惺惺相惜。然而,由于推行变法,司马光和王安石走向了对立面。神宗皇帝对司马光很是器重,但是司马光强烈反对新法,因此,神宗只好把司马光放到一边,让他主持编写《资治通鉴》。神宗觉得,司马光过于方正迂腐,不通情理。神宗即位之初,本来想让司马光担任翰林学士,司马光认为他自己的文学才能不佳,不能担当此任。神宗也只好作罢。

阿云案见分歧

围绕阿云案,王安石与司马光首度出现分歧。熙宁元年(1068),登州发生了年轻女子阿云谋杀亲夫致残的命案。这是司马光与王安石的第一次重大分歧。登州女子阿云年轻貌美,却嫁与其貌不扬的阿大。阿云心有不甘,趁阿大在田地看瓜睡觉之际,连向阿大砍了数十刀,生生将其砍成重伤。阿大命不该绝,在田间昏死过去,第二天被下地干活的同村村民发现,抬回家中,捡回一条命。阿云见阿大被抬了回来,心中微微一震,吓了一跳。案发后,县衙派出县尉到现场查看,很快就把怀疑对象

第四章 变法争论

锁定为阿大年轻漂亮的媳妇身上。阿云被传唤到县衙，见到衙内各种刑具依次排开，一个年轻的妇道人家，哪见过这个场面，不寒而栗。县太爷没有经过多余的问话，经不住打击的阿云，不打自招了，主动承认自己是凶手。原来，阿云砍杀阿大的原因很简单，就是不想和这个丑陋的丈夫共度一生。一个女子敢砍杀自己的丈夫，在宋代绝对是轰动的新闻。很快，阿云案轰动了整个登州。而这还不算什么，该案的判决更是引起了很大的轰动效应，朝野之间产生了大的震动。它犹如蝴蝶效应，最终却影响了赵宋王朝的政治走向。影响之大，已经不只是一个阿云案那么简单。

登州知州许遵作为一个司法经验丰富的官员，却只是判决阿云流徙2500里。许遵的理由是阿云不打自招，有自首情节，符合宋代法律规定的"因疑被执，招承减等"的规定。但是依据大宋法典《宋刑统》的规定，谋杀亲夫属于"十恶不赦"的大罪，在传统夫权社会，对丈夫有此大逆不道的举动，无论是死还是伤，其实都是处以极刑的，斩首示众在所难免。然而，知州的判决，让世人大跌眼镜，迅速引起了轩然大波，登州百姓议论纷纷。许遵遵循宋代司法程序的规定，报由中央司法机构大理寺、刑部和审刑院复核。大理寺、刑部、审刑院按"谋杀已伤"改判绞刑。神宗看了三大司法机构的判决后，动了恻隐之心，决定对阿云处于编管，免其死罪。神宗的批示和三大中央司法机构的审核意见，一起下发到登州，登州知州看后，对判决不服。许遵认为阿云一问即招，应免所因之罪，今三法司弃敕不用，恐绝今后罪犯的自首之路。于是，许遵再次上书中央。神宗只好把阿云的案件交给王安石和司马光两位翰林研究解决。然而两个曾经友好的朋友、惺惺相惜的君子，却意见不一致。王安石站在了许遵的一边，认为许遵的判决是对的。而司马光站在三法司的一边，认为他们的判决是对的。他们二人争论的焦点在于谋杀致伤案件是否可以不追究谋杀罪，以及免谋杀罪会带来怎样的社会效果的问题。

王安石认为阿云有自首的情节，可以根据这个减刑。司马光承认阿云有自首情节，但不能因为有自首的情节，就可以减刑，况且她犯的是谋杀亲夫的大罪。王安石的理由是阿云案适用减刑的法令，这样做可以鼓励嫌疑犯自首，为犯罪者开启自新之路，司马光反对的理由是这样做会助长杀人者的嚣张气焰，不利于司法公正，使小人得志，老实的百姓受害。辩论往往都是谁也说服不了谁，王安石和许遵是一方，司马光与三法司是一方，看似司马光势力强大。然而，判决的天平还是掌握在皇帝神宗手上。由于王安石在神宗心中地位突出，君臣相知。最后，神宗站在了王安石和许遵的一边。这样，阿云可以不用死了，小命算是保住了。

第四章　变法争论

不过，这个案件最大的危害，在于对宋代政治走向产生很大的影响。围绕阿云案，很多大臣都卷入其中，上至宰辅富弼、文彦博、唐介，下至台谏、三法司官员。他们有的支持王安石，有的支持司马光。在这场争论中，形成了以王安石和司马光为首的两派，官僚集团发生了分裂，皇帝却出于私心，坚定支持了王安石一派，对其他派的人采取了贬谪的办法。这就加剧了宋代政治的分歧，影响是深远的。

理财争论

王安石和司马光围绕变法的交锋是全方位的，涉及变法理念、内容、目的、途径等诸多方面。而其核心是要不要变法图强，改变现状。王安石的变法理念是重在理财，开源，民不加赋而国用足；司马光的理念重在节流，在司马光看来，不加赋而使国用足是不可能的，最终将变成天地所生的财货百物，不在人民手中，而在官府掌握中，因此实行新法就是抢夺人民的利益，这种危害乃甚于加赋于民。围绕这个问题，司马光和王安石争论不休。在这件事上神宗的意见与司马光相同，没有应允王安石的意见。

司马光认为目前国家的财政困难，在于用度太奢，赏赐不节，宗室繁多，官职冗官冗员冗兵。要想改变这种现状，需要皇帝、宰辅和主管财政的三司官员精诚合作，长年累月惩治弊端，才能改变。而另设一个专门机构达不到目的。神宗觉得司马光的意见有道理，于是打消了设立新机构的念头。

熙宁元年（1068），围绕赏赐问题，司马光和王安石发生争论，由此引出了王安石和司马光理财之争的问题。这年刚好是南郊祭祀之年，按照惯例，陪祀官员要赐予一定的银绢。宰相曾公亮以本年度河北水灾严重为由，指出应该减少赐予。宰辅平时俸禄已经很优厚了，得到皇帝赏赐的机会也很多，所以这次就不赐予了。神宗将曾公亮的奏章转给翰林院让他们拿出意见。有一个人对此提出了反对意见，认为宰辅赏赐不多，即使不赐予，国家财政也不会因此宽裕，相反，对待大臣之礼过薄，有损国体，这个人其实就是王安石。同为翰林学士的司马光不苟同这种观点，他认为大臣有功于天下，即使是赏赐名山大川、田地，甚至封邦建国都是可以的。如果是费数百万去赏赐郊礼陪位就不值得了。为此，司马光建议神宗接受宰相曾公亮的所请，不再赏赐。

几天后，司马光、王安石、王珪一同将曾公亮的札子进呈给神宗。于是，司马光和王安石当着神宗面争执了起来。围绕理财问题，司马光和王安石进行了深入的争论。

司马光认为：现今国家财用不足，灾害频发，应该节省多余的费用，应当从贵近开始，宜听两府辞赏为便。王安石认为：国家富有四海，大臣的赏赐其实花不了几个钱，省下这些钱，也不能使国家富裕，反而有伤国体。于是，他们的争论上升到了如何理财的问题上，两个人存在根本的分歧。这种分歧的存在注定了王安石和司马光走不到一起，注定两个人要分属不同阵营。

法度之争

王安石执掌大权，开始推行变法后，司马光多次上疏提出其中利害。在迩英殿进读之时，司马光以曹参代替萧何的历史典故告诫年轻的神宗皇帝。神宗问道："汉代常遵守萧何立下的法度不变，这样可以吗？"司马光对曰："不光是汉朝，上古三代之君常遵守禹、汤、文、武的法度，即使至今也有历史依据可寻。汉武帝变更高祖皇帝约束，导致盗贼四起，几乎半天下。汉元帝改变汉宣帝的政策，导致汉朝帝业衰败。由此可见，祖宗立下的法度是不能轻易变更的。"变法派吕惠卿针对司马光所说的祖宗之法不可变的观点，提出了自己的意见和看法。他认为祖宗之法有一年一变的，正月始和，有变法像魏国的。祖宗之法也有5年一变的，有30年一变的，如刑法、巡狩制度等，也有百年不变的，即父慈、子孝、兄友、弟恭这些伦理纲常。吕惠卿认为司马光对变法是非的言论，目的是要借此讥讽朝廷，且讥讽制置条例司的官员。

神宗问司马光，推行魏国的法度，是推行旧法，诸侯用礼法取代乐法。执掌新国用轻典,执掌乱国则用重典。所谓轻重,不是不变的。况且治理天下就好像在住房子,简陋就需要修缮,没有大坏,就不要重新造新房。司马光也是反对设置三司条例司,三司掌管天下财富,没有才能的官员罢黜是可以的,但不可以使宰执干涉三司的工作。现在制置三司条例司,这是为何?宰相遵循一定的道德规范和制度来辅佐皇帝,怎么可以用条例呢?如果用条例,这是一般胥吏的做法。

青苗之争

司马光对青苗法也极力反对,认为青苗出息来自平民,也使下户深受其害,流离失所,况且有政府的权威和法度在,这样影响就更深了。吕惠卿反驳说道:"青苗法采取自愿原则,愿意请纳的则散给他们,不愿意的也不强求。"司马光说:"愚民只知道取债的好处,却不知道还债的危害,不但县官不能强制,富民也是不能强制。"神宗说:"陕西推行青苗法很久,老百姓却没有对此诟病。"司马光说:"我是陕西人,亲眼见到了青苗法的危害,没有见到它的好处。朝廷当初不允许,官府却能以此害民,况且立法允许以后,对百姓的危害就更大了。"司马光与吕惠卿在皇帝的日常读书活动上围绕新法大肆辩论,一方面说明了年轻的神宗皇帝急于推行新法,同时,对推行新法又有诸多顾虑,所以才会召集大臣讨论，广泛听取意见。尤其对于推行青苗法，神宗更是心里没有底，充满担忧。

王安石对司马光反对推行青苗法很不高兴。神宗想要大用司马光，征求王安石的意见。王安石认为司马光外依靠自己的名声，内依靠神宗的信任，所说却全部是危害新政之言；所举荐的人才，都是危害新政之人。如果给他实权，使其参与国是，必导致变法势力消减。司马光的才能不能害政，但身居高位，反对新法的人就会倚重他。现在用司马光，是为反对变法者树立旗帜，是不利于变法的。

神宗对此犹豫不决，王安石因此借病不出。神宗才决定任命司马光为枢密副使，司马光却推辞不受。他和神宗说，神宗想用他，就应该用他正直的一面，这样才能对国家有补益。如果只是以职位的荣耀来用他，而不采纳他的言论，如果他看重职位高的荣耀，而不能挽救百姓于水深火热之中，这是盗取名器自私自利的做法。神宗诚心罢除制置条例司，诏还各路提举官，不推行青苗法、助役法，即使不重用他，他也是受赐很多。青苗法散给百姓，负责这项工作的官员担心他们完不成任务，就必然是散青苗钱给富裕和贫穷的百姓，贫穷的百姓无力偿还，就会逃散到四方，富裕的百姓不能偿还，必然请官府代为偿还。10年以后，贫穷者没有了，富裕者也越来越贫穷，常平仓又废除了，再加上军队的负担,饥饿流行,百姓贫穷势单力薄者必然饿死在田野间,有力气的人就会聚在一起为盗贼,如果推行新法,这样的事情是必然会发生的。听了司马光的肺腑之言,神宗仍决定任命司马光为枢密副使。

待王安石重新复出后,神宗下诏允许司马光辞枢密副使之职,收回诰命和敕令。司马光劝王安石离开京师,亲自给王安石写了三封信,极力规劝他不要推行所谓的新法,不要鼓动年轻的皇帝去冒险,在他看来,青苗法是动摇国本,使朝廷、百姓、京师、京师之外,士、吏、兵、农、工、商、僧、道都受到干扰,不能各安其业,各司其命。如果王安石继续这样做,就是要与天下为敌。

对"三不足"的批判

司马光就王安石提出的"天变不足畏,祖宗不足法,人言不足恤"变法理念提出了批评。所谓"三不足"变法理念,实际上是王安石变法的重要思想支撑。司马光为了阻止王安石推行变法,于熙宁三年(1070)三月,从"三不足"向王安石发难,挑起了意识形态之争。司马光手段很高明,他利用自己翰林学士的身份,拟定策问试题,在试题中,司马光把矛头指向了"三不足":当今有人高谈阔论,有的人说:天地与人不相关,薄食、震摇,都是恒常不变的,不值得畏惧。祖宗留下的法度未必尽善尽美,可以改革就革去,不值得因循守旧。庸才的特点是,喜欢因循守旧而害怕改革作为,可以与之守成,难以与之共患难,众多纷争的议论不值得听取和采纳……愿听你的高见,进行抨击。

司马光用意很明显,就是通过试题的方式,展开广泛的批评,造足舆论,从而达到从舆论高度对王安石进行施压,阻止王安石变法。在传统的宋代社会,儒家知识分子虽然看重人事,也是敬天命的。如果一个儒家知识分子连天命都无所畏惧,那是十分可怕的。肯定是被儒家正统知识分子所不能接受,可谓是异端和另类了。熙宁二年(1069),元老大臣富弼听到王安石所谓的"三不足"言论后,说了一番大家都比较认同的话:"君主敬畏天,如果连天都不敬畏,还能有什么作为呢?如此,离国家动乱灭亡不远了。这肯定是奸臣进献的邪说,所以先引导皇上无所畏惧,使劝谏的诤臣无计可施。"可以说,富弼足以代表当时很多保守大臣的意见。司马光此时以策问题目提出这个问题,可以说是经过深思熟虑的。司马光把策问题目送呈给神宗审阅时,神宗却让人用纸把策问题目贴了起来,不想让其他人看到,神宗反应之快,可想而知,保护王安石的目的显而易见,并批示说不要以"三不足"出策问题目了。第二天,神宗问王安石:"你听说了'三不足'之说没有。"王安石说:"没有听说。"神宗告诉王安石:"坊间传闻当今朝廷认为'天变不足畏,祖宗不足法,人言不足恤',昨天翰林学士的策问试题就是以这'三不足'为题的,这是怎么回事,朝廷什么时候有过这种说法呢?不过,已经让他们另拟策问题目了。"言下之意,就是请王安石不要担心。王安石听后,对神宗进行了一番解释,反驳这种言论。王安石说:"陛下勤于政事,没有荒于朝政,行事都担心伤民,这就是敬畏天。陛下广开言路,哪有什么不恤人言。仁宗在位40年,屡次修改敕令,如果法是一成不变的,子孙当世世代代遵守,为何祖宗屡次进行修改呢?"王安石很好地对"三不足"的传言进行了批驳,提出了自己十分鲜明的观点。在他看来"人言不足恤,祖宗不足法"是肯定的,但对"天变不足惧"是有所保留的,他还是敬天畏地的。虽然司马光的阴谋没有得逞,但他企图使王安石在政治上陷于被动,确实是高招。最后是神宗保护了王安石,使这次策问题目没有通过,换了另一个题目,不然肯定会引起轩然大波,王安石少不了受到朝野的抨击,对变法的影响也会很大。王安石有惊无险地渡过了这一难关,但对司马光来说,是一个不小的打击。

四、王安石与苏轼之争

苏轼是名闻天下的大文豪,与王安石也多有交往。但在变法

第四章 变法争论

的问题上，苏轼与王安石的观点却是截然不同的。苏轼也想着变法图强，也是意气风发，关心民间疾苦，有志于拯救天下苍生的士大夫。早在嘉祐五年（1060），苏轼的科举考试文章就表现出了匡扶社稷的远大理想。嘉祐八年（1063）写了《思治论》表达了要革旧鼎新的理想，他认识到北宋王朝看似太平盛世，其实危机四伏。正如他在《策略》中所说的那样："天下有治平之名，而无治平之实。"实际上《策略》只是苏轼所写《进策》的一种，共五篇，其他是《策别》十七篇，《策断》三篇。《策略》第一篇为总论，指出了宋代民生不安、财用不足、上下不通、边患不息的四大问题，最后指出需要人主自行推行变法，与王安石要求变法见解相差不远。第二篇阐述如何消弭外患，主张专任大将即可以，这严重违背了宋朝对待将领的法度。第三篇主要讲立法之弊和任人之失，主张法度不需要更改，只需要在用人上讲求变通。这与王安石变法的主张存在明显的分歧。第四、五篇主要是讲用人之术，与王安石主张的更是存在很大的差异。

苏轼充分认识到当今宋朝的忧患在于西夏和契丹的威胁以及来自下层民众的危机。内患最为紧要，外患其次。因此，他曾大声疾呼，要进行改革，并借用《易经》的思想，希望皇帝奋发有为。苏轼的思想引起了举子们的传诵和模仿，有了"苏文熟，吃牛肉。苏文生，吃菜羹"之说。

熙宁年间，神宗皇帝奋发有为，锐意改革，这本应该是苏轼所推崇和拥护的。没有想到一向主张变法的苏轼，对于这次变法却要加以反对。神宗支持王安石变法，但是王安石变法犹如疾风劲草，来势汹汹，有如暴风骤雨，这样的变法让苏轼深感不安。变法初期，苏轼还处于观望之中，然而随着变法的深入，形成了变法和反对变法的两派阵营，二者争论不休，相互打击，同时，苏轼也看到了新法推行过程中存在很多弊端。最终苏轼站在了王安石变法的对立面，与欧阳修、韩琦、富弼、司马光等元老重臣站在一起，成为反对新法的又一重要人物。

熙宁二年（1069）五月，王安石准备改革科举制度，除去诗赋明经诸科，改为经义论策考试进士。同时，还要兴办学校代替科举，达到革除科举选拔人才的弊端。为了推行这项变法的内容，神宗下令馆阁学士参与讨论。苏轼坚决反对，写了一篇著名的《议学校贡举状》，表达了自己的主张。出人意料的是，神宗对这篇文章的主张表示赞赏，不久，还召见了苏轼。神宗让苏轼坦陈对变法的看法。苏轼认为神宗求治太急，听言太广，进人太急。希望神宗以静制动，安然应对。神宗召见苏轼的事情，王安石很快就知道了，担心苏轼会阻碍变法。为此，王安石对神宗说

第四章 变法争论

了很多见解，最终神宗同意了王安石改革科举制度的措施，同时也参考了苏轼的意见，进行了一些修改。

不过，通过这次召见，神宗对苏轼充满了好感，而苏轼的文采也让神宗很欣赏。因此，不久后，神宗想让苏轼主持编修《中书条例》，而王安石认为不可，直言苏轼与自己在所学和议论上素有分歧和不同，不宜担当此任。甚至说让苏轼来主持编修《中书条例》，朝中的大小官员都反对，苏轼也不会与我们同心，推行变法，如果任命他编修《中书条例》，恐怕会把事情弄得更糟。神宗皇帝对苏轼是赏识的，希望他能指出皇帝的过失，做一个针砭新政的善意批评者。

而此时，政治风向发生了很大的变化，朝野之间存在扳倒王安石的势力，变法派和反对派斗争很激烈，已经到了白热化的程度。要么王安石下台，不行新法，要么御史台官员被清洗，新法继续推行。这个朝野之间新党和旧党之争的问题，把年轻的苏轼置于一个两难的境地。王安石认为如果神宗重用苏轼，就会给新法带来威胁，他甚至怀疑苏轼和司马光走得太近，因此，王安石一如既往地压制和排斥苏轼。而苏轼在司马光那边也没有得到谏官应有的权力，就这样苏轼处在一个十分尴尬的境地，进退两难。虽然如此，但作为旧党的一员，苏轼就必须反对"新法"。

这年八月，苏轼写了两条《国学秋试策问》，对王安石专断朝政和"新法"刻意求财表示反对。熙宁四年（1071）十二月，苏轼又写了《上神宗皇帝书》，站在一个劝谏者的角度，希望神宗广结天下人心，厚植风俗、存纲纪。同时，苏轼反对设立"制置三司条例"，因为自太祖以来，管理财政的，不过是三司使、三司副使和判官，至今历经百年，没有影响皇家的大事。在《上神宗皇帝书》里面，苏轼逐一对新法提出了批评。由此完全走上反对新法、维护旧制度的道路。可以说《上神宗皇帝书》是苏轼反对变法的纲领。

苏轼反对设立制置三司条例司，认为这样会使三司与中书的权限相混淆，会使民心不安，要安民心就需要废除三司条例司。分派提举官于诸路监督"新法"执行，也会造成社会秩序的紊乱，容易引起混乱。应该将他们召回。对于农田水利法，苏轼也是很有看法。在天下太平、物产滋生、四方没有什么遗利的情况下，贸然探寻水利是徒劳的，必然给老百姓造成烦扰。如果是朝廷加以勉励和奖励，那些妄言的庸人、奸诈的小人，也会争言水利。苏轼的这个批评是有一定道理的，在变法过程中，水利建设的确存在贪功妄谈的现象。对于免役法，苏轼也持否定态度，认为以钱雇役，以雇役代替差役，老百姓是不高兴的，也违背了约定俗成的习惯。他认为自古以来役人必然是用乡村户，犹如主食必用五谷，衣用必用丝织品和麻织品，过河必须用船，陆地行驶必用牛马。实行差役法就是约定俗成的、必须遵守的天经地义的规矩。苏轼反对免役法，在他看来，这样人民就要缴纳"免役钱""免役宽剩钱"，如此官府才能以钱募役。但这样就等于两税正赋之外又多加了庸钱。他坚决反对"免役钱"成为赋税的一科，因为他担心会出现人民多交税，而差役仍旧无人的局面。随着免役法的推行，苏轼的这种担心成为现实。对于青苗法，苏轼认为这是天下人都恨的变法内容。青苗钱的本意是为了避免小民遭受高利贷者的盘剥，但实际推行过程中造成了向富户和下等户抑配，官吏强迫百姓借钱以收取利息的现象。因此，苏轼提出了朝廷的约束难以维持，一向靠不住，没有抑配，富户自然就不会借钱，而愿意借贷的人都是穷苦的百姓，他们很有可能连本都还不起，何况还利息，这样官吏就会强迫他们还本付息。强迫得愈急，则逃亡的百姓就会越多，如此则会危害邻居，把本息均摊给邻居。这样将导致民怨沸腾，不利于国家统治。

对于均输法，苏轼也是极力反对的。认为均输法是承袭汉代桑弘羊的旧法，是与商贾争利的做法。苏轼从商品交易的活动入手，指出只有灵活的商品交易活动，才能获得利息。现在变法的做法是用官吏来经商，会导致不好的货物横行。没有贿赂商业活动不得进行的现象，出现官卖之价高于民卖之价，不利于商业活动的繁荣，也会招致人民的怨恨。这样经商，会使得商业自由被抑制，不利于国家，也会招来人民的怨恨。

总之，在苏轼看来，这些变法措施的推行，必然会导致人心丧失，导致天下不保。

五、王安石与文彦博的斗争

文彦博是朝中大臣，在神宗继位过程中发挥了重要作用。宋神宗继位后不久，在写给文彦博等大臣的手诏中表示国家多灾多难，财政负担沉重，要减免一切冗费，减少一切不必要的费用。神宗此诏得到了文彦博等大臣的赞同，也认为革除朝政的弊端是当务之急。熙宁元年（1068）二月，神宗召集文彦博等大臣商议国家大事，在议事时，神宗表达了天下弊端丛生，到了不可不改革的地步，希望进行一场改革运动的想法。当时文彦博听后，借用董仲舒的话也表达了自己革新的主张，"譬如琴瑟不调，必解而更张之"。同年，文彦博还上了一道奏疏，建议朝廷把在广西的兵调回。从种种迹象来看，文彦博也是主张变法，并非是一成不变的顽固派。

熙宁二年（1069）神宗重用王安石主持变法，以王安石为首

第四章 变法争论

的变法却与文彦博等的变法主张存在不可调和的矛盾。在文彦博看来，神宗和王安石主持的变法过于激进。北宋王朝走到今天，弊端是不断累积的，非一朝一夕可以革除，需要循序渐进地进行改革。而在神宗看来，文彦博等老臣过于老成持重，甚至是因循庸碌，难以承担革除弊端，实现富国强兵的宏图大业。但是神宗还是力排众议，于熙宁二年（1069）二月任命王安石为参知政事，开始主持变法。经神宗皇帝同意，王安石延揽了吕惠卿、章惇、蔡确、曾布、吕嘉问、沈括、薛向等主张变法的人士，排斥了文彦博、富弼、韩琦等元老重臣，开始把持朝中大事。

文彦博见朝中局势的大变化以及神宗的倾向，深感自己的政治主张难以付诸实践。于是，他多次提出退出权力核心，辞官归隐。文彦博这种想法从熙宁二年（1069）持续到熙宁六年。变法的历史洪流滚滚向前，文彦博等人的反对，自然改变不了王安石和神宗的决心。王安石全面推出变法措施，从熙宁三年（1070）至熙宁六年（1073），文彦博等元老重臣围绕新法中的青苗法、市易法、保甲法等，与王安石进行了针锋相对的辩论。

青苗法推行后不久，三朝元老韩琦上疏揭露了青苗法的弊端，反对推行青苗法，一时还让神宗很感动。针对韩琦所奏，神宗派了宦官去实地考察。因此，神宗对文彦博说，他派出了两名宦官考察百姓对青苗法的态度，都说非常便利。文彦博却说，韩琦作为三朝宰相，陛下都不信任，难道只信任两名宦官？这说明，文彦博对韩琦的大力支持，他们同属于反对派阵营，都是反对变法过于急功近利，步子迈得太大的。

文彦博也是极力反对青苗法的。熙宁四年（1071）文彦博上了一道奏疏，说明行青苗法不便，反对推行青苗法。他说听到朝廷推行青苗法后，很是震惊，并亲自进行了查访。认为推行青苗法是不近人情的做法，有玷污王化之嫌，这是非常严重的。不少人认为推行青苗法是朝廷的主张，所派遣的官员，没有领会朝廷的意思，借推行青苗法鱼肉百姓，他们在州郡作威作福。这样的所作所为严重威胁朝廷在百姓心中的威信。在河北，为了散青苗钱，每十户结成一保，须以有家产的第三等以上人户充当甲头。这项制度保障了其他户缴纳不足，上户就可以填纳。又把青苗钱散给坊郭户，唯利是图，不顾实际情况。这是朝廷散青苗钱的本意吗？乡县之民，只有非常窘迫的人户，愿意请纳青苗钱，缓解下窘迫的经济状况，但是等到还钱时就很难填补上，这是下等人户的常态。管理青苗钱的官吏为了政绩，剥削下层百姓，没有起到抚恤下民的目的。州县官员也跟风，必然导致官民矛盾，引起事端。现今，国家政治清明，里外无事，广收天下财富，财赋收入比大中祥符以前多好几倍。如果财政开支稍微困乏，应当减少多余的费用，省去不急务，不作无益之事，济之以俭，示民不奢，百姓自足。最近一段时间以来，兴利者甚众，大多数是侥幸进妄言者。而徒增纷争者，必然为少数，希望皇帝罢除一切小人。只有台阁近臣，没有奸邪的朋党之人，则天下可治太平，陛下可以垂拱而治。

以上是文彦博上《言青苗钱》的奏疏，由此可以看出文彦博强烈反对推行青苗法，并依据自己的实地考察，认为青苗法劳民伤财，对于维护国家的稳定是不利的。因此，他从维护国家统治的角度出发，向神宗提出了罢黜变法派，任用君子，如此，国家才能达到长治久安。

市易法是文彦博反对最为激烈的一则法令，认为这是弊病最大的新法措施。在文彦博看来，市易法的推行会导致官府与下民争利，违背了朝廷施惠于民的变法主张，导致朝廷在民众中威望下降。尤其市易法规定市易司遣官监卖果实的做法，令文彦博无法接受。他认为这种做法是"分取牙利，损大国之体，敛小民之怨"，危害极大，所以请求朝廷罢除此法。这次讨论不久，发生了一件震惊朝野的事件，华州少华山发生坍塌，造成数百户受灾。在宋代，天人感应的观念根深蒂固，认为天象和自然灾害是上天对皇帝的告诫。文彦博借机上疏神宗，希望废除市易法，在奏疏上说是由于市易司监卖果实的做法，导致了华州上华山坍塌，劝神宗罢免此法。王安石却不以为然，加以反驳，但神宗坚定地站在王安石的一边。熙宁六年（1073）正月，文彦博再次上疏神宗，请求罢除新法中市易司监卖果实的举措，他在奏疏中认为让官员充当商人，公然攫取牙侩之利，侵害下层百姓的利益，玷污和危及朝廷，这样的做法很不好。文彦博此举主要还是担心危害百姓利益，致使百姓对朝廷失去信心，进而危及宋王朝的统治。

王安石变法的理论依据是"三不足"，即祖宗不足法、天变不足畏、流俗之言不足恤。针对王安石的祖宗不足法的理论，文彦博提出了激烈的批评。熙宁四年（1071）二月，陕西庆州发生兵变，造成很大的骚动。导致这次兵变的原因很多人归于王安石变法中对西夏的方略。因此，文彦博借庆州兵变之事，趁机攻击和批评新法，明确反对王安石所主张的祖宗不足法的观点，提出了"祖宗以来法制，未必皆不可行"的观点，主张采取更加合情合理、稳步推进的改革政策。文彦博认为，朝廷的法度和推行的制度，必须要符合人心，应该以静重为先。凡事都要采取兼采大多数人的意见，不能偏听。陛下继位以来，励精图治，然而百姓的情绪没有得到稳定，这是因为不断变法所造成的。祖宗传下的法制和制度，不是不可以执行的，只有对其进行稍微调整，摒弃

第四章　变法争论

不适合的法度就可以了。神宗不满地说道:"上古三代圣王的法度,本来就存在很大的弊端,现在国家承平百年之久,哪里有不进行变革革新的道理。"王安石也说:"朝廷只是想革除对人民有害的政策,这有何不可呢?所有的事情都像西晋之风,只会给国家造成更大的混乱。"当然,也有些官员支持文彦博的观点,如枢密副使吴充,他认为朝廷实行一些政策的目的是要使人民生活得到改善,安居乐业,州县的官员却不能体谅皇帝的苦心和意图,有时就会对人民造成了纷扰。所以改革应该循序渐进,革除时弊。神宗听后,表示同意。文彦博却还是主张维护祖宗之法。于是,神宗再次问道:"变革法度,对于士大夫而言确实有不少人会反对和不满意,但是对于百姓来说,没有什么不方便的地方。"文彦博说:"陛下是要和士大夫一起共治天下,而不是和老百姓一起治理天下。"神宗再说:"难道士大夫都是不赞同变法吗?其中还是有一部分人赞同变法的。"王安石也对文彦博的观点进行反驳,认为法度都在,那么国家财政用度应该是充足的,国家应该强盛。然而事实正好相反,不能说是法制齐备不健全吧。文彦博反驳道:"关键在合适的人来推行。"

文彦博反对王安石的祖宗不足法的观点,实际上是对变法的强烈反对。充分表明了他的观点和阶级属性,是与士大夫治天下，代表的是统治阶级的利益，而非百姓的利益。双方辩论的焦点在于要不要改变祖宗流传下的法制，如何推行变法。文彦博在阐述自己的观点过程中，其实也看到了变法存在一定的不足之处，并切中要害地指出了变法需要由合适的人主持，实际上是对变法派内部用人问题的洞悉。而正是用人问题的失败，最终导致了变法的失败。以此足见文彦博的先见之明。

熙宁五年（1072），神宗召集文彦博、王安石、冯京等商议边事、军法、保甲法、市易法等。每次商议，王安石与文彦博等元老大臣都存在不一致的地方。为此，曾开展过激烈讨论。在对辽问题上，鉴于宋朝国力不强的事实，变法在进行过程中，王安石主张对辽采取克制忍让的策略，最后变法成功后，再吞灭辽朝。文彦博却不顾宋辽势力差距大的事实，没有从长远来考虑问题，因此主张寸土必争的策略。此外，在朋党问题上，王安石和文彦博也存在不同意见。文彦博认为要制服契丹，即先要自治，当令人臣不结为朋党。王安石说："小人才会结成朋党，君子不需要结成朋党。"他说天事则有命理，说人事则有义利，只是义利天命而已，没有必要结成朋党。文彦博则认为用义理和使命来做事的人未必知义理和使命。王安石借用了商周纣王和武王的事例来反驳文彦博，主张自己的义理观。文彦博却说："不同的人见解不一。"

文彦博和王安石围绕义理和朋党的问题进行了辩论，表面是就这些问题的辩论，实际上是文彦博对变法的反对想要从理论层面对变法进行致命的打击。

可见，文彦博反对王安石变法，是全面的反对，几乎对王安石推行的变法措施和主张进行了全盘否定。文彦博对新法的态度，决定了他被罢免的命运，因此，在王安石和韩绛的排挤下，文彦博也就顺势退出了由变法人士控制的朝堂，于熙宁六年（1073）出任河东节度使，判河阳。在临行之前，他给神宗皇帝上了一道奏章，一是表达了对神宗富国强兵愿望的支持，二是苦口婆心地劝谏神宗，希望他能广开言路，收揽权纲，广泛延募人才，采取稳健的治国方略。文彦博一片赤诚的爱国之心，让神宗皇帝还是格外对他照顾，虽然他们在变法的政见上存在不同，但是神宗在文彦博出任地方的时候，多次表示了眷顾之情。这也不失为一种很好的君臣之风。

六、欧阳修的态度

欧阳修是当时名满天下的文坛领袖，杰出的政治家，位高权重。欧阳修对王安石的人品和才学推崇备至，颇为赏识。他曾在《荐王安石吕公著札子》中说，王安石德行文字，为众人所推崇，安贫守道，刚直不阿。

虽然欧阳修对王安石赏识和推崇，又与王安石是同乡，他却竭力反对新法。实际上，曾几何时，欧阳修也是一位锐意改革的主张者。庆历年间，他向朝廷建议，实行按察法，选取廉洁能干的人才充任按察使，监察各路和州、县官吏，定期向朝廷报告；并提出了改革科考中的声病偶切的陋习，扩大京师太学规模和设立州县学校等。这些主张与范仲淹的改革条陈，一度曾被仁宗采纳，作为"新政"推行全国。他还主张选兵练将，反对议和；要求取消上等户的免役特权等，因此，他是名副其实的"非常积极的改革家"。然而，正是这样一位立志改革的人，对王安石变法却多有批评。围绕青苗法，欧阳修曾经写过《言青苗钱第一札子》和《言青苗钱第二札子》两道奏章反对青苗法。当时欧阳修在青州任上，对青苗法的推行有着自己实际的观察。

第一，欧阳修提出应将青苗钱改为无息贷款，即无偿贷给百姓。在这两道奏疏中，欧阳修说自朝廷推行新法，散青苗钱以来，朝廷内外争议纷纷，认为推行青苗钱对百姓是不便利的，都主张罢除青苗钱。而欧阳修认为朝廷推行青苗钱本意有利于百姓，然而颁发推行青苗法的告谕后，缙绅人士多有议论，一般的百姓却不知道青苗钱为何物，青苗钱已经成为扰民问题，民间议

第四章 变法争论

论颇多，这对朝廷来说是不利的，更让百姓都以为国家是为取利。因此，如将青苗钱改为无息贷款，即无偿贷给百姓，这样便可使天下百姓都知道以青苗钱取利并不是朝廷的本意。

第二，欧阳修认为每年收成好坏是不固定的，如果遇到两三次水旱灾害，就会导致更多的青苗钱积压拖欠并且累积数额巨大。如果遇到丰收年，要一起催缴，如此则农民就永远都没有丰收的年份。至于一般的年份，没有受到灾伤影响，与本料一起送纳，人户或是无力供纳，或是顽固狡猾的拖延，本料都没有送纳完；如果强行令请青苗钱，就会积压越多，必导致难以催征和索要。因此，欧阳修要求当农民不能如期归还上料青苗钱本息时，应停发下料青苗钱。这样，人户就免得积压拖欠，州县官吏免得鞭扑催征驱赶百姓，官府的钱也就免于积久失陷。

第三，欧阳修说青苗钱多强制配给老百姓，虽然朝廷屡次降旨，嘱咐约束州县官吏不得强制配给老百姓。然而诸路各提举、管勾等官员，往来催促青苗钱，必须尽数散给老百姓。所以欧阳修建议罢去提举、管勾等官，禁止州县官吏向民户抑配青苗钱。

总之，欧阳修认为罢除青苗钱，是天下之幸事。

熙宁初年（1068）欧阳修也进入晚年，垂垂老矣，他虽反对新法，但不像司马光等人那般强烈。因此，即便欧阳修如此反对青苗法，欧阳修和王安石也没有正面冲突。王安石对欧阳修始终都是怀有尊敬之情，不会因为他反对新法，而对曾经提携过自己的欧阳修大加诋毁。相反，王安石对欧阳修这位文坛领袖始终怀有崇敬之情。

七、苏辙对新法的反对

苏辙是苏轼的弟弟，与其兄、其父苏洵号称三苏，为"唐宋八大家"之一。苏辙生活的年代是北宋中期，此时社会生产出现了一定程度的萎缩，土地兼并之风盛行，赋税重，百姓生活普遍贫困，国家财政日渐窘迫，内外交困，积贫积弱，赵宋政权危机四伏。在范仲淹等士大夫中的有识之士的影响下，苏辙发出了改革法度的变革呼声，他说："事有未善，改之不疑；法有未备，修之不息。"在参加科举考试时，苏辙从政治、经济、军事等诸多方面提出了改革的初步设想。其后在《新论》和《上皇帝书》的文章中，他以理财为中心，提出了许多革新主张，这些主张较之以前的想法更加成熟了。因此，苏辙得到了神宗和王安石的赏识和青睐。苏辙更是提醒神宗，要坚定变法的信心，不要听取天下士人和百姓对新法的反对之言，这样才能保证新法不至于中途夭折。"破天下之浮议，使良法不废于中道。"

因此，王安石在推行变法时，曾委以苏辙重任，令其主持三

第四章　变法争论

司条例司。但后来，苏辙与王安石在变法主张上存在分歧，于是走向了王安石变法的对立面，成为名副其实的反对派。至于其中原因，除个人恩怨外，主要是苏辙和王安石在变法理念上的根本不同，导致二人最后因变法分道扬镳。

第一，在理财上，苏辙和王安石存在根本的分歧。虽然苏辙和王安石都认为变法应该以理财为先务，但在具体如何理财上存在很大的分歧。苏辙和其他反对派一样都认为理财应该从节流开始，并以解决"三冗"问题为首要，认为"民不加赋而国用足"，而不是国家利用各种手段盘剥百姓的财利。他认为王安石变法"富国强兵"是借机剥削百姓，挑起边事，根本达不到富国强兵的目的。而王安石主张理财应以开源为主，善用会理财的人来理财。

第二，在青苗法、青苗钱的问题上，苏辙是持反对态度的。熙宁二年（1069）王安石和吕惠卿制定了青苗法，请苏辙认真看，并提出意见。苏辙认为青苗法的本意是救民，不是为了与民争利。但是实行过程中，官吏借机剥削，有法不遵。有的百姓借了青苗钱，却会出现乱用现象。等到还贷的时候，即使是富民也会逾期。同时，官府的借贷具有强制性，不如私人借贷方便。

第三，在均输法上，苏辙也持反对态度。他认为要推行均输法，首先需要设置官吏，这样增加了吏禄，增加财政负担；同时，在专卖过程中，导致好的货物没有出售到百姓手中，不贿赂管理，不能进行买卖，且官府的价钱高于民间的价格，弊端很多。这样，均输钱一出，就怕收不回来，即使均输有利可得，也不如私商经营，官征商税收入得多，故反对均输法。

第四，对于市易法。苏辙不反对市易法官以平贵贱的原则。市易之法实际是与汉代的平准之法很相似，将货物的价格降低。它主要在于官府充当商人，与商人争利，导致百姓不胜其烦。苏辙同样认为市易法在执行过程中弊病多，伤害小民之业。

第五，对于募役法。苏辙赞成募役法，但反对执行中的若干弊病。

总之，苏辙是一个彻底反对变法的人。因此，被王安石赶出朝堂，流放地州，成为一个彻底的反对派。

八、"乌台诗案"

"乌台诗案"实际上是宋代的文字狱，是中国历史较早的文字狱。"乌台诗案"的发生严重违背宋太祖立下的不杀士大夫的重誓、"不以言获罪"的祖宗家法，标志着神宗独裁走向新的高度。

"乌台"指御史台，是监察机关，即负责监督百官行为政务的机构。乌台的得名与《汉书》有关，据记载，"是时御史府吏舍百余区，井水皆竭。又其府中列柏树，常有野乌数千栖其上，晨去暮来，号曰朝夕乌"。后来人们把御史台称为"乌台"。因而，这次整治苏轼的文字狱，是由御史台发起和负责的，所以称为"乌台诗案"。苏轼，四川眉山人，晚清人张鉴编写《眉山诗案广征》，因而后人也把"乌台诗案"称为"眉山诗案"。

此时的朝野由神宗乾纲独断，王安石罢相，远离朝堂，寓居金陵。而神宗继续以强有力的手段推行新法，史称"元丰新政"。

苏轼是名满天下的文人雅士，才高八斗，诗词文俱佳，在当时有着很大的影响。同时，苏轼也是一位忧国忧民的文人士大夫，有远大的理想和报国志向，又恰巧碰到了热衷变法图强、想有一番作为的神宗皇帝，再加上一些心术不正的变法派小人的打击报复。因此，苏轼针砭时弊，劝谏皇帝的诗文，当然就成为对手打击的目标，以至于锒铛入狱，这也是在所难免的。

苏轼绝没有预料到自己会遭遇此罪。在诗案发生前，于熙宁四年（1071）苏轼到陈州看望弟弟苏辙，然后在其弟的陪同下到颍州看望恩师欧阳修，师生见面格外惊喜，相聊甚欢，感慨良多。不过，好景不长，欧阳修于熙宁五年（1072）辞世。

和欧阳修告别后，苏轼继续南行，到达杭州任上，其后相继担任了杭州、密州、徐州、湖州四地的地方官，直到元丰二年

（1079）。

"乌台诗案"就发生在元丰二年（1079）四月。这年苏轼在徐州任满，由彭城到湖州，出任湖州知州。到达湖州任所后，他写了一封感谢神宗皇帝的谢表。说他得到了英宗皇帝的大恩，擢拔为三馆之臣，又受到神宗皇帝的眷顾，在地方上得到锻炼。现在得到陛下的知遇之恩，用人上不求其是全才，嘉善需要矜持。知其愚笨不合时宜，难以追随跟进新进；观察到其老生，也许就可以管理百姓。他感激皇恩迁其到湖州，决心好好干，"上以广朝廷之仁，下以慰父老之望"。

苏轼的这封谢表，被别有用心的变法派人士大肆攻击，本来他们对苏轼就很不满，这次机会来了，可以借机杀鸡儆猴了。

在变法派的支持下，元丰二年（1079）七月监察御史何正臣出面，写了一封奏章给神宗皇帝，说苏轼"愚弄朝廷""妄自尊大"，并把《元丰续添苏学士钱塘集》交给神宗，煽风点火。舒亶指出，苏轼借古讽今，嘲讽圣上。舒亶把苏轼的四本诗集随奏章一起呈上，指出苏轼《山村五绝》《杭州观潮》等诗句中，借诗毁谤新法，愚弄皇帝。他说神宗皇帝赈济灾民，却被苏轼讥讽为"赢得儿童语音好，一年强半在城中"。皇帝陛下是为了富国裕民，兴办水利，目的是使天下富足，却被苏轼讥讽为"东海若知明主意，应教斥卤变桑田"。皇帝陛下为了增进财政收入，实行榷盐，却被苏轼讥谤为"岂是闻韶解忘味，尔来三月食无盐"。陛下为行新法，令官吏尽心学习法令文书，却被苏轼笑之为"读书万卷不读律，致君尧舜知无术"。苏轼简直是胆大包天，目无圣上。

李定上表指出，苏轼有四大罪状：一是"怙终不悔，其恶已著"；二是"傲悖之语，日闻中外"；三是"言伪而辨，行伪而坚"；四是"陛下修明政事，怨不用己，遂一切毁之，以为非是"。本来，苏轼和李定就有过节，王安石当政时，李定坚定推行青苗法，被王安石赏识，提拔为京官，苏轼和很多大臣都反对。李定抓住这次机会，欲置苏轼于死地。他列举上述苏轼的罪状，认为苏轼是"讪上骂下，法所不宥"。概括起来，他们打击苏轼，主要有三种类型：一类与"新法"原无关涉，作为"罪证"原系穿凿构陷；一类确有反对新法的内容，但反映的"新法"之弊是客观的事实；一类是或多或少带有归恶"新法"的偏见。

在他们纷纷弹劾下，苏轼成为"大明诛赏，以示天下"的对象。神宗收到了李定等人弹劾的奏章后，下令御史台抓苏轼进京治罪。一时，北宋王朝的政治空气十分紧张，祖宗之法已然不当回事了。此时，苏轼还在湖州知州任上，对于京城的潮涌毫无知觉。知道此事的苏轼好友驸马都尉王诜慌忙给在南京（今河南商丘）的苏辙报信。苏辙得知消息后，大为吃惊，急忙派人到湖州告知苏轼。

朝廷派了皇甫遵来逮捕苏轼，皇甫遵带了他的儿子和御史台两名兵丁，昼夜兼行，直奔湖州而去。由于皇甫遵的儿子在润州（今江苏镇江）患病，因此在路上耽搁了半天。所以苏辙信使先于皇甫遵见到了苏轼，告知朝廷派使来捉拿他的消息。

苏轼对此一脸茫然，不知道自己为何会犯事，还要被人捉拿。但是他很快就清醒下来，坦然接受现实。待皇甫遵到来，他们寒暄了一阵后，苏轼说，我这次恐怕凶多吉少，必死无疑，请允许我和家人道别。皇甫遵听后，安慰说："没有那么严重。"于是获准见了家人，苏轼一家老小泣不成声，痛苦欲绝。可以想象，那是多么悲恸的一幕啊！

苏轼被押在路上，路人看到后，竟感觉"顷刻之间，拉一太守，如驱犬鸡"。这对于才华横溢的地方官员苏轼来说，是斯文扫地，尊严全无。因此，在路上，苏轼曾萌生过自杀的念头，又怕连累家人，最终打消了此念。至元丰二年（1079）八月十八日，苏轼被押入汴京，关押在御史台牢狱。至被贬谪黄州团练，前后遭遇130天牢狱之灾，成为阶下囚。

苏轼在押等待受审期间，其长子苏迈一直照顾侍奉左右。他们曾经约定，每天送饭，如果没有什么事，就送肉和菜，如果是万一有什么不测,就送鱼过来。这样,苏轼知道事态的发展,可以早作打算。

然而,有一天,苏迈有事外出,委托朋友代为送饭,却忘记告诉他这个约定。说来也巧合,这位好心的朋友为苏轼买了几条鱼,做好送给苏轼吃,苏轼看到鱼,一下子非常紧张,以为自己在劫难逃了。事后,苏轼与狱卒商量,写了两首永别诗给弟弟苏辙,名为《狱中寄子由二首》,实际上是绝命诗。请狱卒代为转交。诗云:

其一:

圣主如天万物春,小臣愚暗自亡身。

百年未满先尝债,十口无归更累人。

是处青山可埋骨,他年夜雨独伤神。

与君世世为兄弟,更结来生未了因。

其二:

柏台霜气夜凄凄,风动琅珰月向低。

梦绕云山心似鹿,魂飞汤火命如鸡。

眼中犀角真吾子,身后牛衣愧老妻。

百岁神游定何处,桐乡知葬浙江西。

两首诗前一首可见对弟弟苏辙的依依不舍之情，对自己鲁莽的悔意。后一首则表达出对妻子儿女的眷顾之情，交代了后事。

苏辙收到兄长的诗，非常悲恸，泪如泉涌，悲伤之余他上书神宗，表示自己愿意以出身、官爵去赎兄之罪。神宗读了苏轼的绝命诗后，也很是感动。司马光、王洗、张方平、范镇、黄庭坚等都纷纷上表替苏轼求情，积极营救苏轼。就连变法派中新党中坚人物之一的章惇，亦站出来为苏轼讲情。章惇对神宗说："仁宗得苏轼，以为一代之宝。现在陛下将他投入大狱，恐怕后人会说陛下不爱惜人才，而爱听阿谀奉承之词。"王安石的弟弟王安礼，也对苏轼因写诗获罪的做法并不赞同。久居金陵的王安石，这时已罢相三年之久，本来已有自此淡出政坛，不过问、干涉政事，天天问道问禅的想法，但听说苏轼因写诗被下狱，并有可能被杀害后，便再也坐不住了，他上疏神宗道："难道有盛世杀士大夫的吗？"

重病在身的太皇太后曹氏听到苏轼因写诗获罪，非常气愤，把神宗叫到床前说："当年仁宗皇帝得到苏氏兄弟，十分欢喜，告曰得了宰相之才。仁宗感觉他老了，怕用不上这两个人，说是留给子孙，好使他们堪大任。你现在倒把苏轼下了大狱，真令人难过。"

神宗只好说："苏轼不满新法，动辄写诗讥讽，我很头疼呢。"

不过，我并没有打算把他怎么样，只是想给他一个教训。有您的懿旨，我立即下令放他就是。"

十二月初四，神宗下令释放苏轼，贬为黄州团练副使，本州安置。至此，"乌台诗案"结束，前后牵涉的人较多，就连已经辞世的欧阳修、文同都受到牵连。这在中国文字狱史上留下了不光彩的一页。

九、章惇与司马光之辩

章惇是北宋杰出的政治家、王安石变法的积极支持者。王安石对章惇评价很高，说其才极高，大有相见恨晚之意。熙宁四年（1071）经李承之推荐，王安石任命章惇为编修三司条例、中书检正等官职。熙宁五年（1072），章惇经制荆湖北路，在招降少数民族上获得了很大的成功，巩固了宋朝在荆湖北路的统治。熙宁七年（1074）九月，三司大火，章惇亲率军器监役兵抢救。他的这一行为，恰好被在御楼馆的神宗看到。第二天，神宗便提拔章惇为三司使。

元丰八年（1085）三月神宗驾崩，幼子哲宗继位，宣仁太后垂帘听政，起用司马光为相，旧党重新掌握了政权。变法派遭到贬谪，旧党人士被重新召回，委以重任。如司马光和吕公著向宣仁太后提议范纯仁、唐淑问、朱光庭、苏辙、范祖禹充任谏官。对此，章惇提出了反对意见，并坚决抵制，他向宣仁太后谏言道："谏官都是由两制大臣以上奏请举荐，然后才是宰相推进草拟。现在除了名目是中书出，小臣不知道陛下从哪里知道，并非是左右推荐。这样的先例是不能渐渐开启的。"宣仁太后说："都是大臣推荐的，并非是左右推荐的。"章惇又说："既是大臣所荐，就应该当场明白地提出，为何要秘密推荐。按照惯例，刚开始担任宰相执政，不应该举荐亲朋好友为台谏官，而应让他们当其他官。现今皇帝还小，太皇太后处理政务，应该遵循惯例。"宣仁太后被迫收回成命。

然而，自从司马光上台后，熙丰新法基本被罢除，至元祐元年（1086）正月，除青苗法、免役法、将兵法外，其余诸法皆罢除。但是，司马光还是对上述存留的变法内容心存不满，希望尽数罢除。他上疏宣仁太后说，如果不罢除青苗法、免役法、将兵法，他将死不瞑目，要求5日内罢除免役法。王安石知道后，痛心疾首。

司马光在奏疏中说，要直接下敕命，罢免天下的免役法，所有人都依照熙宁以前的旧法，核定人数委任县令小吏来落实，核定五等以上人户的人口和财产，依据此来定差役。仍然命令刑部检查，按照熙宁元年现行差役条贯雕印颁布于所有州县。

对此，章惇上疏反驳司马光的观点，认为现今天下的政事与以往熙宁元年以前已大相径庭，不能用熙宁元年现行条贯来定差役。针对司马光说的5日内废除免役法，章惇也进行了反驳。认为今日更张国家大事，对于百姓关系最大的是免役法、差役法，应该认真详细审核，不可能轻易废除。只限5日内罢除，所有县份如何能区分利害关系。司马光的做法如此草率，反而会害了百姓。所有路州军见到朝廷这样的指令，必会妄议朝廷，这样的危害是非常严重的。章惇的一番言论，驳斥得司马光瞠目结舌，无言以对。

此外，旧党对边患一筹莫展，对西夏望而生畏，采取守势，全然不顾熙丰变法在开疆拓土上取得的成绩，决定把神宗时候收复的边塞要地城堡拱手送给西夏。司马光的理由是，如果万一激怒西夏人，将致使边患丛生，兵连祸结。因此，归还侵占他们的土地，追究责任和赦免是为上策。司马光的这一言论，得到了孙觉、范纯仁、文彦博等老臣的支持。但是章惇对他们的这种做法则坚决反对，认为有这种观点和态度的人，都应该拉出去斩杀，指责他们毫无见识。

章惇坚决捍卫熙丰新法以及熙丰新法取得的成果，自然会遭到当权旧党人士的围攻。独木难支，元祐二年（1087），章惇被排挤出朝廷，贬谪至汝州，以后提举杭州洞霄官。

元祐八年（1093），宣仁太后辞世，宋哲宗亲政。哲宗亲政后，改元绍圣元年（1094），厉行新法，又回到变法的路子上了。旧党派人士遭到打击和贬谪，变法派重新得势。在这样的背景下，章惇被召回开封，任命为相，执掌政治权柄。

章惇执政后，全面恢复王安石的变法内容。同时，为了确保新法的推行，章惇对旧党的关键人物进行了清算。章惇在哲宗的帮助下，收回了对司马光、吕公著的赠谥，剥夺了他们子孙的荫补恩例。并对刘挚、苏辙、范纯仁等31人，或贬谪，或居住安置，元祐党人受到重大打击。同时，章惇还追究司马光等人弃地与西夏的罪责。

章惇与司马光的争论是围绕变法开展的。总体来看，章惇对于免役法废存的观点较为适合时宜，司马光废除免役法过于急迫，不切实际。但是后来章惇执政为相的时候，对已经离世的司马光再进行打击，似乎有点太过了。不过，变法派和反对派，新党与旧党之间这种人身攻击也是司空见惯的。

十、郑侠《流民图》

郑侠是福建福清人，少年时颇有声名。宋英宗治平年间，随

第四章　变法争论

其父郑翚搬到江宁（其父调任江宁府监税）。此时，郑侠第一次科考名落孙山，在江宁苦读。

嘉祐八年（1063），王安石母亲吴氏病逝，王安石安葬其母于金陵。由此到治平四年（1067），王安石一直在江宁寓居，收徒讲学。郑侠就是在这时与王安石相遇，得到王安石赏识，并拜入王安石门下，从此二人交往频繁。治平四年（1067），郑侠科考成功，授广州司法参军。

熙宁二年（1069），王安石被神宗任命为参知政事主持变法。对此，郑侠也对王安石这次拜相寄予了很高的期望，认为王安石主持变法是尧舜三代君臣的相遇，将会大有为于本朝，天下太平可期。

但是，随着王安石新法的不断推进，郑侠与王安石的政见却出现了不同，最后竟分道扬镳。熙宁四年（1071），郑侠光州任满回京等待考选。在回京的路上，郑侠一路考察民情，询问乡村父老新法的好坏，结果却没有一个人称赞新法好。到了开封，郑侠与王安石见面后，直陈新法的弊端，指出新法中的青苗、免役、保甲诸法以及在西边的用兵都存在问题。郑侠的直陈己见，令王安石很不快，但是并没有引起两人的不和。王安石此时还想让郑侠出入京官，襄助王安石变法，但是郑侠不愿迁就。所以不久，郑侠被任命为监门税的小官。而正是这段经历，使郑侠有了更多的机会接触下层百姓，进一步了解了新法的弊端，尤其是免役法和免行钱。于是，熙宁六年（1073）郑侠写了《上王荆公书》，条陈新法的弊端。指出了青苗法存在强行抑配而不是你情我愿的问题，这样会导致贫穷的百姓更加贫穷。而免役法由于官吏贪暴，在衡量免役钱征收问题上财无巨细，一律纳入进行估计，以此评定出多少助役钱。免行钱，也存在类似的问题，买卖无论大小都要交纳免行钱。郑侠的这些意见传到王安石那后，王安石也进行了一些小修小补，下诏停止对小商小贩征收免行钱。

熙宁六年（1073），全国多地久旱不雨。在古人思维里，久旱不雨是上天的惩罚，由于人间做法不善，导致天怒人怨。作为北宋的最高统治者，神宗开始担心政权稳定，对于变法产生了动摇，开始下诏求言。在这样的背景下，熙宁七年（1074），郑侠上《流民图》，引发了北宋朝廷的政治地震，王安石也因此罢相。

郑侠亲见流民流离失所，惨不忍睹。他上书给王安石，却屡次没有结果。这使郑侠认为王安石不可能会听取他的劝谏。在神宗下诏求言的情况下，他写好了奏疏准备上书。由于他的官位低，上疏进入禁中需要阁门司收纳，经通进司中转入禁中，但是阁门令不愿帮其代呈。无奈之下，郑侠"乃假称密急，快马递上至银台司"。并为了神宗更加直观了解民情，郑侠命人绘制了一

第四章 变法争论

幅《流民图》，与奏疏一起进呈禁中。在奏疏中，郑侠说全天下的百姓典当妻子、卖儿鬻女，流离失所，四处逃散，砍伐桑树和枣树，破坏房屋，把这些卖了，缴纳官府的钱物，十分悲惨。这样的悲剧，几乎每天都在开封府衙门上演。他认为这些是宰执大臣不按照天道来行事导致的。他建议开仓放粮，赈济百姓，废除新法中的一切掠夺之法，顺应上天，调和阴阳，这样才会降下雨露，挽救天下万民的生命。如此，国家才能长治久安。

郑侠还说，如果陛下观看小臣所上《流民图》，并按照小臣的谏言行事，10天之内不下雨，可以斩杀小臣于宣德门之外。认为旱灾是由于王安石变法所导致的，罢黜王安石，必然就会下雨。郑侠的这封奏疏和《流民图》对神宗触动很大，他反复观看《流民图》，不断长吁短叹，夜不能寐。太皇太后曹氏、皇太后高氏看到了《流民图》后，认为王安石变法是祸乱天下，也要求神宗废除新法。在重重压力下，神宗最终接受郑侠的建议，暂停新法。说来也巧，三天之后果真大雨，这使得郑侠的建议更深入人心。朝廷内外，一致反对变法的声音开始一浪高过一浪。熙宁七年（1074），神宗在群臣恭贺降雨的时候，拿出了郑侠的《流民图》给大臣们轮流查看。王安石此时成了众矢之的，无言以辩，只得上疏求去，这年王安石罢相，出知江宁。郑侠因为违规操作上疏，也被送英州编管。

十一、众多非议

范纯仁、刘挚、孙觉、吕公著、范镇等大臣对变法或变法的部分内容提出了反对意见。对于增强旧党反对派的声势有一定的作用，形成了反对新法的重要舆论。虽然他们不一定都属于旧党反对派，但是他们出于国家长治久安的目的，指出了新法在推行过程中存在的问题。和这些人不同的是，吕公著比较拥护变法，他反对的只是变法中存在的弊端，希望改正这些弊端。这是吕公著和别人不一样的地方。即使到了元祐更化，吕公著重回权力顶峰，也是不赞成全盘否定和推翻新法的。这种一以贯之的精神，还是十分可贵的。

在龙图阁学士、知谏院赵抃的请求下，熙宁二年（1069），范纯仁被委以起居舍人、同知谏院兼集贤院、同修起居注的职务，开始发挥他劝谏的职能。神宗亲政后，对于神宗的抱负，范纯仁是看在眼里的，十分理解神宗皇帝急于求治，迅速致天下太平的愿望和心情。但他知道欲速则不达的道理。于是，他给神宗上一道奏疏，指出实现远大的理想需要慢慢地驯化，做大事不能速成，人才不可以急求，积弊不能够一下就革除。道路没有规划好就会有揠苗助长的隐患，做事情追求速度往往有达不到目标的隐忧，对人才急于求成，就可能会使有才华者和奸佞并进，弊端一下子革除，就会导致人情受到干扰，致使百姓怨恨和愤懑。他希望神宗清心寡欲，简单处事，尊德使能，以人民的安居乐业为大道，以富国强兵为次要。范纯仁的这一番言论和劝谏，与当时空前高涨的变法气氛是格格不入的，与神宗想有一番大作为的理想抱负是矛盾的。因此，在变法开始后，范纯仁就开始有点跟不上时代了。

熙宁变法以前，王安石和范纯仁相处得还是不错的，王安石比较赏识范纯仁，并有意提拔他。范纯仁也认为神宗皇帝重用王安石是得人之举，士大夫都奔走相庆，必然想助神宗皇帝成就一番大事业。但是，随着王安石推行变法的深入，范纯仁与王安石的矛盾越来越大，范纯仁对此很失望，两个人的关系开始不断疏远，可谓道不同不相为谋。

对于均输法，范纯仁极力反对。熙宁二年（1069），王安石任命薛向在东南六路推行均输法。范纯仁认为王安石推行均输法违反了儒家倡导的义利观。指出均输法将垄断诸路杂货，买贱卖贵，侵夺商人毫末之利，满足人主的奢侈之心。同时指出，王安石为了推行均输法，打击异己，凡是反对均输法的都要受到打击、贬谪。因刘琦等人反对均输法，王安石罢免了刘琦等人。对此，作为谏官的范纯仁提出了激烈的批评。

刘挚为仁宗嘉祐时期的进士。神宗时期经韩琦推荐，为馆阁校勘。王安石见到刘挚后，觉得他器宇不凡，擢升为正中礼书房，刘挚默默无闻地工作，然而这个职务并非他所喜欢的。才过了一个多月，就任监察御史里行。刘挚认为京畿役钱过重，县里有数千百姓诉讼于宰相，京师哗然和震动，如此何以威震四方。张靓、王廷老擅自增加两浙路的役钱，监督赋税严苛且急迫，百姓多怨声载道。等到神宗召见刘挚，当面赐予褒奖，于是问刘挚："你是跟随王安石学习吗？王安石几度称赞你的气度和胆识。"刘挚说："我是本朝东北部人士，年少就是孤独，独立自学，不认识王安石。"从皇宫出来后，刘挚给神宗上了一道奏疏，说："君子和小人的区别在于对待义利观的态度上，小人重利，君子重义。因此，小人希望得到封赏的想法每每都在做事之前，为公家办事总在谋求私利之后。陛下有劝农的想法，现今却变为烦扰百姓；陛下有均平赋役的想法，现今却依靠役法来聚敛财富。大凡有爱护君主之心、忧心国家前途的人，都无法容于其间。可喜的是，现今天下有敢作敢为的人，高兴的是天下无事。"

对于助役法，刘挚是坚决反对的，他认为以钱助役有十大危害。那是因为，天下州县户役，存在虚实轻重不同。现今按等第来定役钱，不是统一法令所能齐备的。应该是根据不同地方的特点，各自立法，为何要统一规定税率呢？这是一大危害。新法说版籍不实，所以令重新确立人户等第。况且旧版籍既然不可轻信，那么现今的版籍就没有错误吗？不但会有骚扰生事的危害，将会使富裕的人少交纳役钱，贫穷的人户多交纳役钱，这是第二大危害。全国上等户是少数，中等户是多数。上等户劳役多且繁重，所以庆幸交纳助役钱。中等户徭役简单且轻松，下等户不派徭役。现在一概都交纳役钱，实则对中等户、下等户来说就是不幸的事情，这是第三大危害。官吏为了多得到役钱，担心上等户户数不足，因此不用旧版籍，临时升降户等，使百姓无法堪命，这是第四大危害。年成有好坏，但服徭役的人有规定的人数，助役钱却不可缺少。助役钱不像赋税有减放的期限，这是第五大危害。夏秋二税，百姓交纳谷、麦、布、帛就可以，现在助役法却要交纳现钱，农户为交现钱，就需要出售农产品，这样会遭到压价，对农户不利，这是第六大危害。两税及科买等税目已经很多，如果遭遇凶年和病灾就无力交纳。现在又征役钱，竭其所有，恐怕没有人愿意为农民了。天下户口日趋耗欠，一小部分农民破产后从商，有的沦为客户，有的沦为懒惰的游民，有的沦为下户；然而大部分农民则聚集在一起为盗贼，这是第七大危害。侥幸幸存者将会依据现行法律变得奸诈，就像近日两浙路成倍地增加役钱数额，还

175

自以为是功劳，这是第八大危害。差役法推行最近也有十多年了，最远也有20年，是一个充当徭役的办法，百姓早已经安心习惯差役法很久了。现在官府自行雇人应役，徭役太重则百姓不堪重负，徭役轻则百姓不愿意应役，不免产生强制应役的，这是第九大危害。现在一切都采取雇人、招募人应役，就会招募到轻佻、狡猾、浮夸、伪装之人，这是第十大危害。

刘挚上了推行助役钱十大危害的奏章时，御史中丞杨绘也有言论讨论役法的是非问题。王安石委派张琥作十难责问刘挚，张琥坚辞不肯作。司农曾布请作十难。十难作成后，并且弹劾刘挚、杨绘欺诈骗人，心怀不轨。神宗下诏问明原委，杨绘害怕，向神宗请罪。刘挚愤慨地说道："作为人臣岂有受权势压迫，使皇帝不知道实情。"因此，条陈所难，以申辩其主张。刘挚说："小臣虽然是戴罪之身，但有把事实说出来的责任，采集士民关于役法的意见使皇上知道，这是小臣的职责所在。现在有司急着下令分辩解释，是要分出是非，争出胜负，这样相互辩论，是对皇上的不负责，所谓向背，小臣所主张的是义理，不主张利益。所服从的是皇上，不是权臣。愿意把小臣的奏章同司农的奏章展示给百官看，看看谁的言论更加适合，如果我的言论有可取之处，请尽早实行，如果我的主张稍微有欺君罔上之嫌，甘愿受到驱逐。"

第四章 变法争论

第二天，刘挚又上疏，说道："皇帝勤奋政事，励精图治，天下就可以大治。希望达到天下太平，并且以天下太平为己任。然而两三年间，全国动摇，全天下没有一物得到安宁。自从青苗法争议开始，全国开始有聚财敛财的嫌疑，青苗法还没有实行，均输法又行之天下；均输法刚开始扰动天下，边远地方计划实行暴动；边远地方的暴动还没有平息，然而助役法开始兴起，至于兴农田水利法，推行淤田，合并州县，不断开拓新的举措。忠厚老实持重的大臣被摒去，无能之辈、狭隘年少还会强辩的人，却被受大用，遵守祖宗之法，忧国忧民的人，却被称为流俗，败坏天下经常危害人民的人，却被称为通变。现在西夏还没有臣服纳款，危机四伏。河北大旱，诸路大水，人民疲敝，钱财匮乏。造成现在这样的局面，都是因执政大臣所误导陛下，而执政大臣所用的官员误导了执政大臣。"

王安石见到刘挚的奏疏后，想要驱逐刘挚于岭南，神宗不听王安石的意见，只是贬谪刘挚到衡州管理盐仓。

神宗即位后，孙觉任直贤院，昌王记室。神宗想要进行大改革，彻底改革由来已久的弊端。孙觉上书说："弊政不可不革，革除要恰当，就不会有悔恨之意。"因此，神宗称赞他知事明理。神宗经常和孙觉探讨从容和知人之难的问题。孙觉说："尧认为知人很难，所以最终享受知人之易。了解人的要点，在于知道听取意见。君主任用大臣的方法，是任用贤才，使用有能力的人。贤才和有能力的人既然有不同之处，任命使用的方法也不一样。至于所知道的有限，所能做的各有彼此，这是有功用的人。可以处在朝外而不可以处在朝内，可以要求他做事而不可以要求他进言。陛下想天下太平，而所提拔的几十个人，大多有口才，而没有实际行动。我恐怕日积月累，进用贤才从墙而入，充满朝廷之上，贤人日益疏远，造成的祸患，还可以用一二来说吗？希望观览《诗》《书》中怎样任命使用人才，不要急于求得小利和近功，王道就可以成就。"

熙宁二年（1069），神宗任命孙觉知谏院，同修起居注，知审官院。王安石与孙觉很早就很友善，急着想引为己用，援以为援助。当时吕惠卿在管事，神宗问孙觉吕惠卿怎样，孙觉答道："吕惠卿有辩才，超过很多人，因为有利益在，所以屈身王安石，王安石没有感悟到，小臣以为这是忧患。"神宗说："朕当时很怀疑吕惠卿的动机。"其后，王安石与吕惠卿果然交恶。

青苗法推行，首先倡议此法的人说："周官泉府，民之贷款者，输纳利息二十五，国家财政用度就备具了。"孙觉上奏条陈说其妄言，孙觉认为成周时期的赊贷，特别是要为人民急需做准备，不能说徒然兴起。现在农民困乏陷入绝境，将要补耕助收，反而把他们比作商人而向他们征收，可以吗？国家取用，由泉府统领,如果买了东西不销售,货物不能流通,有买有给,同时实行赊贷的方法。如仅从泉府取用,那冢宰的九赋,将有何用?盛世应该讲求先王之法,不应当选取有疑问的文字和虚妄的说法治国。现在老臣被疏远在外意见不用,辅佐大臣拖延时间不上任,门下省秉公办事而不实行,谏官请求恕罪而要求离去。我实在害怕奸邪结为朋党,乘群情纷纷之际,动摇朝廷,沽名钓誉,这不是国家之福。王安石看完孙觉奏章后,非常愤怒,认为孙觉有什么意见应该直接告诉中书省,不应该如此行事,直接上奏皇帝。于是,王安石开始有驱逐孙觉的想法。等到曾公亮说京畿县份在散青苗钱的事实,存在追加和抑配干扰百姓的事情发生。王安石派孙觉去视察,探探虚实。孙觉在出发前,写一奏疏,说道:"像陈留一县,前后贴出告示纳青苗钱,但是请愿请纳青苗钱的,几乎没有一人。所以陈留县没有散出青苗钱。由此可以知道,百姓是不愿意与官府发生关系。因此,所有青苗钱,应该悉数罢除。"王安石觉得孙觉反复无常,于是外任孙觉知广德军。

吕公著为宰相吕夷简之后,深得其父赞赏,认为他日必可谓辅佐皇帝的宰执大臣。英宗亲政时为龙图阁直学士。神宗继位后,为翰林学士,知通进银台司。后司马光被罢一事,向神宗进谏,没有得到神宗认可,自动解除银台司一职。起初,王安石与吕公著交往很好，王安石对吕公著的才学也是很欣赏的。

熙宁初年，吕公著任开封府知府。当时夏秋大雨不停，发大水，京师又发生了地震。吕公著上奏疏给神宗，认为以往人君遇到灾害，有的因为担心恐惧上天的惩罚而进行相应的改变，所以得到福报；有的不听上天的告诫，所以导致祸害。并建议神宗不要听信邪说，远离小人；不要偏听，多听从意见。这实际上是暗指神宗不要轻信王安石之说。

熙宁二年（1069），王安石被任命为参知政事，开始变法。这年，在王安石推行青苗法时，吕公著比较客观和冷静，他和那些反对变法的大臣不同，是赞同变法的。他意识到朝廷变法的重要性，其目的是造福百姓，并非只是剥削百姓达到朝廷敛财的目的。因此，他上一道《乞提举及住散青苗钱奏》，在奏章中说："朝廷颁布推行新法，目的是为给百姓带来实际的恩惠，并非是为了剥削百姓来为朝廷敛财。朝廷的想法本来已经很好了，但朝野之间议论纷纷，都以为推行新法不可，原因在于朝廷管理有问题，前后自相矛盾。如昨天本来已经颁布旨令，青苗法只在河北、京东、淮南三路施行，后来却忽然之间不断派遣官吏使青苗法遍行天下，而所派遣的官吏往往是任人不当。如苏涓、王光廉、皮公弼等人，虚张声势，生事邀功。朱经、李元瑜之辈，没有什么才能，被百姓轻笑。其间取利的条款增多，惠民本意逐渐丧失。因此，人心动摇，日益不宁。小臣希望所派遣的官吏应该一律罢黜和遣回。青苗钱只在临近京师的一两路试行，专门委托给提刑司或转运司根据实际情况散青苗钱，务必要使百姓获得实惠，不必取利。等到了散青苗钱一两年后，如果公私都没有受到损害，甚至还可以惠及百姓，再推行于诸路也不晚。此时，人心自然信服。如果一两年内，百姓感到青苗法不便，则朝廷也应该及时改作，不可以考虑前面的得失。如此，则人心自安，自得其所。"这封奏疏中，吕公著对新法还是比较赞同，只是对青苗法存在的问题进行了剖析，提出了应对青苗法进行试验，然后根据实际再推行全国。由此可见，吕公著在对新法上的客观与冷静。不久，王安石举荐吕公著为御史中丞，希望凭借其与吕公著的友好关系，使其襄助自己变法。但是，事与愿违，随着新法的全面铺开，暴露的问题越来越多，吕公著和王安石的争论也越来越多，矛盾也越来越大。王安石开始失望，两人渐行渐远。

熙宁二年（1069）九月，青苗法正式颁行全国，并没有接受吕公著关于在京师附近试行后再推行全国的建议。此举遭到了群臣的反对，吕公著提交了《再论青苗钱奏》的奏疏，明确反对青苗法，认为青苗法害民。同时，他还认为自古以来大有作为的君主，没有因为失去人心而能达到国家大治的；也没有因为能凭借威权胁迫，通过辩论获得胜利而得人心的。以往贤明的人，现今都以为青苗法是不好的，却把一切议论的人诋毁为流俗浮论，难道往日都是贤明，现今的都不是贤明的吗？对此，王安石非常生气，对吕公著更加怨恨。

不久，神宗想任命吕惠卿为御史，吕公著加以反对，认为吕惠卿确实有才能，但是属于奸邪之人不可大用。神宗把吕公著的话转给了王安石，王安石听后很生气，对吕公著恶语相加，并使其出知颍州。王安石罢相后，神宗开始主持元丰变法。不久，吕公著被神宗召回朝廷，兼端明殿学士、知审官西院。但吕公著依然保持谏臣的姿态，对元丰时期的官制改革提出了不少批评意见，并对神宗用兵西夏多持反对意见。

元祐元年（1086），太皇太后高氏垂帘听政，旧党反对派势力一时得势，悉数罢除新法。高氏在征求吕公著的意见时，他认为新法已经施行多年了，百姓逐渐适应了。像青苗、免役、保甲诸法，如果能对它们在施行过程中存在的弊端进行矫正，继续推行，百姓是可以获利的。同时，朝廷在废除其他不好的新法时，应该选取合适的人来担任此项工作，切记不能操之过急。再次可见吕公著反对新法，只是反对新法中不利于百姓和朝廷部分，并非完全反对新法。

也就是这一年，王安石去世了。昔日的好友、今日的政敌吕

第四章 变法争论

公著表现出君子风度，对王安石评价很高，并上表朝廷对王安石加恩，这令人钦佩。争议归争议，人品、文章、道德又是一方面，这就是君子。

王安石变法时期，范镇是朝廷大臣。熙宁二年（1069），王安石以参知政事身份支持变法，推行青苗法。范镇对于青苗法非常反对，主要是青苗法在施行中取息和青苗抑配问题。他在上疏神宗的奏疏中，指出常平仓创始于汉朝的盛世之时，历代没有什么变化，对于农商都有利。而青苗法创始于唐代衰落之时，不值得后世效仿。青苗法是聚敛之法，是激起人民反抗的变法。现今以激起民反的变法而改变唐虞之政，是百姓不安的根本。于是干旱，毛地生毛，天鸣地裂，都是百姓疲劳不堪的上天警示。同时，范镇对青苗法中的抑配问题很不赞同。他认为青苗法使富户与贫户结保且依户等领取青苗钱的措施，并不能解决贫富不均的问题。范镇反对青苗"抑配"的原因，在于他认为法令中第三等及以上坊郭户需领取青苗钱并为贫下户作保的规定，触及了富户及豪强兼并之家的利益。

但是随着王安石变法越深入，反对者越多，王安石则开始反击和排挤他们。范镇由此感到失望，尤其是王安石此后任用吕惠卿、李定、曾布等小人，而排挤苏轼、孔文仲等贤士的行为，使得范镇对他彻底失望。所以范镇才会转而攻击王安石，并借着自己乞致仕的机会，上疏指责王安石。把王安石称为奸邪小人，认为他们结成朋党，欺上瞒下，搞得民不聊生。认为这样下去，会危及国家统治。

十二、对争论的认识

变法就是要触动大多数人的利益，招致非议和争论是正常之事。历朝历代变法都是在非议和争议中推行、前进和完善的，其最终结果不过有的成功，有的失败罢了。

王安石熙宁变法在某种程度上是因为触碰了既得利益集团的共同利益，才会招致很多反对。反对的理由主要是认为王安石变法会导致国家变乱，威胁政权的统治。同时，也有人指出了变法中存在的问题。问题固然存在，但也有对这些存在的问题进行夸大之嫌疑。

围绕王安石变法，在变法派和旧党反对派的论争和较量中对青苗法的意见最多。在这个问题上，反对派确实看到了新法存在的弊端，要求罢除，这是正常的。但借变法中存在的问题和弊端，全盘否定变法这却是十分不应该的。且在变法过程中不予配合反而处处为难，这就已经超出了变法争论的本身，实际上成为政治斗争和路线斗争的问题。对免役法，也是反对派比较集中反对的法令，他们普遍认为免役法会增加百姓负担，希望实行差役法，免役法在划分

第四章 变法争论

户等的问题上，确实存在一些问题，但不至于全盘废除。此外在人事任用上，反对派反对变法任用小人，导致小人盘剥百姓。确实变法派出于推行变法的需要，只看重了支持变法人士的才干，而忽视参与变法人士的道德和人品，这是最终导致变法失败的重要原因。可见，反对派在反对变法时也是相对客观的。

变法派和反对派之间围绕新法的辩论是相当激烈的。正是由于他们反对，客观上造成了新法在推行过程中困难重重，最终导致王安石第一次罢相，并最终导致新法的失败。特别是元祐更化后，反对派重新掌握朝政大权，新法被废除殆尽。这样，人们不禁要问，反对派为什么能长期存在？为什么反对派势力会如此强大？反对派之所以能够存在，是因为神宗在对他们的打击力度上，始终是保持一定的度的，不是一味地彻底打倒，而是对他们始终保持一份敬意。因为这些反对派大多数属于元老重臣，且在拥立英宗继位和神宗登基上做出了重要贡献；再者他们的出发点也是为了国家的统治，所以神宗对他们采取了宽容的政策。因此，可以说两派无论怎么争论，裁判权都是控制在神宗手中。神宗也是有意保持二者之间的平衡，否则，神宗就会出手。可见，神宗在变法过程中居于主导地位，变法能不能顺利推行，关键取决于神宗的态度。当神宗无条件支持王安石的时候，变法自然就会顺利推行。当神宗动摇时，变法推行自然就会大打折扣。王安石第一次罢相就是一个证明。由于反对派和后宫势力的干扰以及久旱不雨的现实，迫使神宗罢王安石，达到收买人心、维护统治的目的。

同时，应该看到在应对反对派过程中，变法内部尚趋于团结，一致对外。但当反对派失势后，变法内部也开始抵牾，最终导致变法派分裂，堡垒往往是从内部攻破的。最终变法失败，实际上与变法派内部的纷争有着密切的关系。从一开始，变法内部就存在小人钻营的问题，很多人是出于搭上变法的快车，使自己快速获得晋升，谋求更高的职位，动机很不纯。当这些小人得势时，他们的权势欲望是难以填满的。吕惠卿就是典型，他当时只是一个无名小卒，因为拥护变法，得到王安石赏识和器重，从此平步青云。而当王安石再次复相后，吕惠卿感到王安石危及自己的地位时，就毫不犹豫跳起来反对王安石，千方百计打击和扳倒王安石。最后，导致王安石变法意志全无，丧失斗志，变法也因此中断。

总之，无论是变法派还是旧党反对派，他们围绕变法内容的争论，实质上是利益和权力之争。他们对新法的反对，有一部分是正确的，值得肯定，有一部分不一定正确。反对派的存在，说明了任何变法都是不可能一帆风顺的。如何对待反对者，应该是任何变法都要努力思考的重要问题。

第五章
变法失败

王安石和神宗分别发动的熙宁和元丰年间的变法，最终以失败告终。对于熙丰年间的变法为何会失败，有很多种答案，有的学者把其归为保守派势力太过于强大，有的学者则认为是神宗的动摇以及神宗的英年早逝是变法失败的重要原因。还有的学者认为和王安石的性格有关系，也有学者认为用人不当。更有学者指出，变法背离了当时社会发展的实际。反观历史，实际上，熙丰变法的失败是多种因素综合作用的结果，而根本原因在于新法超越了当时社会发展的阶段属性。究其原因，大致可以归纳为后宫势力的反对、变法派内部的分裂、反对派的反对、神宗的动摇、王安石的个性等诸多因素综合在一起，最后导致新法的失败。尤其值得一提的是，神宗的英年早逝，也是新法走向失败命运的重要因素。

一、"是要变乱天下"

在传统社会，后宫势力一直发挥着重要的作用，宋代也不例外。纵观宋代政治，后宫势力或者说女性政治家，某种程度上决定了宋代王朝的命运。宋朝立国之初的金匮之盟，说的就是宋太祖赵匡胤的母亲杜太后，鉴于五代政权更替频繁，主少国疑而江山被篡夺的历史事实，希望赵匡胤传位给其弟弟赵光义，这虽只是当时的一个传说，但从一个侧面说明了后宫势力的存在。而宋代后宫势力掌握政权，要从宋仁宗即位时说起。宋真宗死去以后，年幼的仁宗继位，由太后刘氏执掌政权，垂帘听政。等到仁宗成年，开始亲政。仁宗娶宋朝开国将领曹彬的孙女曹氏为妻，立为皇后，却没有留下子嗣，虽然如此，也没有撼动其在宫中的地位。其后，英宗被过继给仁宗为儿子，曹皇后自然成为他的母亲。仁宗死后，英宗继位，为了保持政权的运行正常，曹皇后垂帘听政，没有将大权交给英宗，虽然此时英宗早已成年（已是32岁的人了），能独立处理政务。

可是曹氏不是一般人，是一个很有政治卓识和才干的政治

第五章 变法失败

家，出身又好，知书达礼，处事果断。仁宗庆历八年（1048），宫中曾经发生了一起叛乱事件，宫中陡然大乱，仁宗此时在曹氏宫中。曹氏沉着冷静，指挥若定，很快就平息了这场由崇政殿侍卫颜秀等人发动的叛乱。此事足见曹氏有很强的政治才干。

英宗继位没有几年就去世了。年轻的赵顼继位为帝，是为神宗。

即位后，年轻的神宗皇帝很想有一番作为，成为大有为之君。因此，亲政开始后，神宗任命王安石为参知政事，主持变法。但是以曹氏太皇太后为首的后宫势力在王安石变法乃至王安石罢相后，神宗继续主持变法期间，都对变法有着影响。可以说，变法的失败，很大程度上是与后宫势力的干涉有关。太皇太后曹氏历三朝，政治经验和威望都很高，是神宗不得不考虑的因素。

在中国古代社会里，"忠""孝"的观念深入人心，成为重要行为和礼仪规范。以孝治天下是历代王朝的自我标榜和形象塑造。因此，尊重太皇太后、皇太后，可以成为一个孝道的皇帝，因而会被臣民所敬仰。神宗非常孝顺太皇太后曹氏，史载神宗"天性孝友，其入事两宫，必侍立终日，虽寒暑不变"。为了讨太皇太后的欢心，神宗命人制作了精巧的小轿，为其乘用之凉殿散心之用。神宗和其母高太后分别在轿子的右边和左边，扶着轿子一路步行，太皇太后曹氏很是高兴。神宗和太后给了她莫大的尊荣,把对曹氏的孝道做到细致和极致。元丰二年(1079),太皇太后曹氏病危,神宗侍奉多天衣不解带,亲自照料,不过最后曹氏还是离世了。为此,神宗曾有一段时间处于悲恸中难以振作。可见,神宗对太皇太后的孝顺。同时,太皇太后曹氏也十分疼爱神宗。每次退朝晚了,曹氏都会亲自等候他回来,时常送点神宗喜欢吃的东西,这让神宗感到了在皇家少有的亲情和温暖。

鉴于太皇太后曹氏历经三朝,有着很多治理国家的经验,因此,神宗经常就大事征求她的意见。曹氏对神宗也的确有着很大的影响。在新法推行后不久,由于天灾人祸,朝廷反对变法的声音一浪高过一浪,人言鼎沸可畏。政治老到的曹氏,终日以泪洗面,担心变法危及宋朝统治的根基,因而她多次和高太后向神宗施加压力,要求神宗废除新法,罢除王安石的宰相之位,认为王安石变法是要变乱天下。再加上神宗的弟弟岐王赵颢等涕泣恳求。来自后宫的压力以及亲王势力的影响,使神宗倍感不平,狠狠地责备了岐王,说:"是我败坏了国是吗?他日待汝自为,可好否?"神宗这样一说,岐王倍感压力。不过这毕竟是皇家的家事。最后,王安石还是被二次罢相。这不能不说,后宫向神宗施压,产生了推波助澜的作用。

此后,经过王安石变法锻炼后的神宗,开始自己主持变法。在元丰年间对王安石变法进行了修改,在他独立主张下,新法得

第五章 变法失败

以继续推行。然而此时很想有一番作为的神宗皇帝却英年早逝了。

元丰八年（1085）三月，神宗驾崩。六子赵煦继位，是为哲宗。而此时哲宗尚不足 10 岁，宋王朝垂帘听政的故事再次上演，神宗的母亲高太后以太皇太后的身份垂帘听政，掌握宋代王朝的命运。早在熙宁七年（1074），高氏就反对变法。此时她掌握宋代的最高权力，废除新法自然是正常的事情。不久，她传诏天下，批评熙丰时期的政治，主要批评的是变法。"先皇帝临御十有九年，建立政事以泽天下，而有司奉行失当，几于烦扰，或苟且文具，不能布宣实惠。其申谕中外，协心奉令，以称先帝惠安元元之意。"这道诏书，使大家都看出来，国家将有大事发生，废除新法势在必行。

高太皇太后垂帘听政后，即遣散修京城的役夫，停止造军器和禁止朝廷工技，训诫中外无苛敛，宽宥民间保户马。司马光听说神宗去世了，急忙赶回开封奔丧，卫士见到司马光额手称庆，百姓夹道欢呼说："司马光回归，留下担任宰相，百姓就有活路了。"司马光所到的地方，百姓越聚越多，这让司马光感到害怕，于是很快就返回居所。太皇太后高氏遣内侍梁惟简慰劳司马光，并问司马光现在国家治理当以什么为先。不久，司马光上了《乞开言路札子》，提出了广开言路的主张，并提出当以要切为先，以琐细为后的治国理政原则。号召天下访查人民疾苦，"并许进实封状，尽情极言"。

四月，司马光再上《乞去新法之病民伤国者疏》，提出了罢黜青苗法、免役法、市易法、保甲法、保马法诸法的主张。认为这些变法措施是国家变相在敛财，导致百姓流离失所，生活困苦，生活在水深火热之中。并认为最先应该革除保甲法、免役法、将官法。司马光这么说，太皇太后高氏还是有所顾忌的，毕竟三年之丧期未满，不能冒天下之大不韪，神宗尸骨未寒，就贸然推翻神宗的变法，恐怕招致天下士人和百姓的反对。对此，司马光解释说，朝廷这样做，是解救万民于水深火热，挽救国家的危亡，不必等待三年。况且现在是太皇太后听政，是母亲改变儿子的政策，不是儿子改变父亲的政策，恢复旧法无须顾忌。

于是，在司马光等大臣的坚定支持下，太皇太后高氏任命司马光为相，着手废除新法，恢复旧法。新法的废除只是时间问题，六月废府界、三路保甲；七月，废诸镇寨市易；十月，又废方田均税法；十二月，又废市易法和保马法。元祐元年（1086）三月，又废免役法。废除免役法后，司马光主张推行差役法，得到了太皇太后的支持，差役法最终被恢复。八月，又废青苗法。司马光废除这些变法措施，目的是所谓的国家长治久安。认为这些变法内容都有很大的危害性，如保甲法，他认为保甲法会干扰农民正常的生产和生活，并使地方治安不好，且保甲法并没有增强宋代军队的战斗力，反而会成为危害国家安全不可忽视的力量。因此，他主张废除保甲法。同样，保马法也会增加人民的负担，不适合推行。对于将兵法，他同样认为没有发挥出战斗力，反而加剧了与地方官的矛盾，亦主张废除。对于免役法，司马光提出了五条废除的理由，一是上户年年出钱，无有休息，而且钱数额较多。二是下户原不充役，现在一例纳钱，对广大下户是沉重剥削。三是所招募的人都是游民，没有固定资产，容易逃跑。四是农民纳钱备受剥削，增加了农民的负担。五是官府勒索，增加人民的负担。不过，司马光废除免役法的主张，遭到了变法派章惇的反对，就连旧党分子苏轼也表示明确反对，其他如范纯仁等也不是很赞同。

九月，司马光去世，但废免新法的步伐没有因此而停止，在太皇太后的支持下，废除新法的工作仍然在继续推行。元祐二年（1087）正月，禁止科举考试用王安石的经义和《字说》。至此，熙宁新法废除殆尽，荡然无存。王安石和神宗的熙丰变法以失败告终，史称"元祐更化"。

二、用人不当

用人不当是王安石变法失败的重要原因。王安石变法期间出现了这样一种倾向，凡是拥护变法的人都加以任用和提拔，几乎不在乎人品；凡是反对变法的人都要受到打击和贬谪，不论人品和能力大小。这似乎是变法派人事任免的怪圈，这就给投机分子钻营留下了空子。拥护新法成为小人、投机分子晋升和达到自己目标的重要手段和阶梯。这样，在变法派的队伍里就会存在泥沙俱下，目的不纯，变法内部不统一、不团结的现实。一旦王安石失势，小人和投机分子就会反对王安石，因为他们知道王安石这棵大树或者说这枚棋子已经对他们没有帮助和作用，起来反对他就是最好地保护自己。

吕惠卿是福建泉州晋江人，仁宗天圣十年（1032）生人，字吉甫。在仁宗嘉祐年间中进士，先为真州推官，变法前只是一个集贤院校勘之类的小官，可谓是郁郁不得志，才能得不到发挥。吕惠卿很有才能，这是当时士人阶层的基本认识。即使熙宁时期的反对派对吕惠卿的才能也是持肯定态度的。欧阳修在嘉祐三年（1058）给王安石的信中说："吕惠卿，学者罕能及，更与切磨之，无所不至也。"嘉祐六年（1061）欧阳修再次向朝廷举荐了吕惠卿。可见，吕惠卿的才能不是浪得虚名，这也是熙宁变法时，王安石重用吕惠卿的重要原因。

同时，吕惠卿有才能，却没有得到重用，或者说他升迁的路途比较遥远，需要时间加以等待。但是对于一个有才能的人来说，他对这种按部就班的升迁之路是感到寂寞和恐惧的。因此，熙宁期间

第五章 变法失败

王安石实行变法，使吕惠卿看到了平步青云的机会，王安石为了巩固变法派势力，也急需用人。王安石迫切用人的现实，成为吕惠卿等人投机的重要机会。变法成为吕惠卿走向高升的快车道，因此，他自觉地推行变法，维护变法，因为有变法才会有他的一切。因此，在变法初期，吕惠卿跟随王安石的步伐，对于推行变法发挥了重要的作用，且可谓是尽心尽力，因此被称为"传法沙门"。与韩绛一起成为王安石变法的左膀右臂，韩绛被称为"护法善神"。

熙宁二年（1069），王安石任参知政事，主持变法，随即向神宗推荐了吕惠卿。推荐理由是吕惠卿是贤才，不但是今天不可比，即使是前世的大儒也未可轻易相比。学习了先王之道并能用先王之道，只有吕惠卿一人而已。等到创立三司条例司后，吕惠卿被任命为检详文字，参与和协助王安石变法。王安石对他特别信任，事无大小必使吕惠卿参与谋划，凡是要建章立制奏请都让他主笔，青苗、免役、水利、保甲诸法，都是由吕惠卿起草。由于吕惠卿在协助王安石变法中发挥重要作用，不久，被任命为太子中允、崇政殿说书、集贤校理、判司农寺；又"召为天章阁侍讲，同修起居注，进知制诰，判国子监，与王雱同修《三经新义》，又知谏院，为翰林学士"。至此，可见吕惠卿升任之快，升任之高，远远超过了他按部就班的正常晋升之途所带来的好处。此时，吕惠卿也展现出他在经学、政治及经济等多方面的才能，成为熙宁变法的核心人物。熙宁七年（1074），王安石第一次罢相出任江宁府知府，向神宗推荐了吕惠卿为参知政事，协同宰相韩绛继续推行变法。

在王安石看来，吕惠卿是变法派的核心人物，也是极力主张变法的关键人物，很有才干，关键是还和自己的变法主张相同。因此，可以担当大任，推荐其担任参知政事是再合适不过的。所谓知人知面不知心，王安石也许并不知道他主张变法的真正目的。王安石是一心想通过变法图强，达到富国强兵的目的，实现平天下的伟大志向。而实际上，吕惠卿没有王安石那么伟大。从他决定站在变法派一边投机之时，他主张和推行变法的动机和目的就不纯了。他之所以主张变法，目的只有一个，即满足自己的政治野心，得以快速晋升，执掌朝野的最终愿望。这样，随着他政治地位的不断提高，他的野心就不断膨胀，与王安石的矛盾也就越来越大，尤其是王安石处于劣势和无实权的时候，作为投机分子的吕惠卿就会站出来反对王安石，另行自己的一套。不幸，这被接下来的历史事实证明了。

吕惠卿担任参知政事后，进入到了北宋王朝的最高权力圈，开始变得不那么温顺和言听计从了。开始与宰相韩绛不能好好共事，与其他朝臣难以合作。开始锋芒尽露，培养自己的势力，推行自己

第五章　变法失败

的主张，打击异己，甚至对变法派内部的同事也进行排斥和打击。沈括和李承之都主张变法，吕惠卿却说他们对变法说三道四。还对同为变法派的曾布进行打击，借曾布调查吕嘉问一事对其发难，收到既打击了吕嘉问，又打击了曾布，一箭双雕、一石二鸟的效果，曾布为此出知饶州。吕惠卿这样做，目的是排除异己和威胁自己的力量，达到大权独揽的目的。这样的做法，是十分不明智的。对变法派造成了很大的危害，使变法派面临分裂的危险。

同时，吕惠卿还任用亲信，建立以自己为核心的政治圈子，培植自己的势力。重用其弟吕升卿、吕和卿等人，这在朝中引起普遍的反感。但是吕惠卿没有因此而停止任人唯亲，就是没有血缘的人投靠，他也照样重用。

吕惠卿开始不满王安石变法的措施，自己提出新的主张，推行"给田募人充役"的措施。不料却遭到王安石的反对，被罢相的王安石还特意从江宁写信告诉吕惠卿，说这个方法根本行不通。然而日益膨胀的吕惠卿根本听不进去，对王安石的建议置若罔闻，没有给王安石这位昔日提拔自己的恩人一点面子。

事实上，吕惠卿并不安分。熙宁七年（1074）七月，吕惠卿听从其弟吕和卿的建议，实行"手实法"，目的是通过清查户口来征收平役钱。具体做法是由户主自报家业，官府折合成钱，以定户等高低。各县据丁口、财产总数和役钱总额，分摊各户应纳钱额，公布于众，两个月没有诉讼就定了。在报家业过程中，如有隐瞒谎报，许人告发，没收其所隐藏的财产，并以三分之一赏告发者。于是民间寸土尺，都应输征；养鸡饲牛，亦须纳税。搞得民不聊生，鸡飞狗跳。

郑侠对此很有意见，全力弹劾吕惠卿，把吕惠卿称为小人，把当时宰相冯京称为君子。吕惠卿知道后，极力打击郑侠，以其诽谤朝廷之罪，贬谪英州（今广东英德）。冯京对此很不满，与王安石的弟弟王安国为郑侠鸣不平。不料，他们两个人也因此被贬谪，冯京出知亳州，王安国被罢职，回归乡里。吕惠卿之所以能打倒这些反对者，很大程度上是神宗的默许和让步，可见神宗为了变法的成功，也是可以牺牲一切的。这样，吕惠卿就更加肆无忌惮了。自以为得到神宗的庇护可以为所欲为了，不把任何人放在眼里，一副小人得志的嘴脸可想而知。

吕惠卿居然还贪赃枉法，强借富户4000余贯。在苏州大量购置田产，还不断向神宗邀功。此时，人们开始发现王安石比吕惠卿好多了。天下的人又开始思念王安石，希望他重新执政，主持变法。吕惠卿感觉到了王安石有被再次重用的可能，想借李逢案来撼动王安石的地位。不过，吕惠卿的这种做法注定是徒劳

第五章　变法失败

的。作为"护法善神"的韩绛对吕惠卿的无法无天早已不满，且他与王安石一直以来都很友善，于是向神宗建议，重新起用王安石为相。这时的神宗其实对吕惠卿的所作所为看在眼里，也很不满。于是决定重新起用王安石，保证新法的继续推行。因此，熙宁八年（1075），王安石被重新起用，担任宰相，继续变法。王安石继续出山，目的是为变法图强，报答神宗的知遇之恩。

王安石上任后，他决定起用吕嘉问、程昉、李定、赵子几、练亨甫、卢秉、王子京等人，又废除了"给田募役"之法，并建议在河北实行"俵籴"，即由市易司度量民田收入，预给钱物，待收成后，到沿边州军籴粟麦封桩贮存。这种办法可以节省30多万贯的运费而使河北沿边得到供应。另外，王安石还赞成在陕西发行交子（中国最早的纸币），增强沿边的经济实力。不过，这一切都遭到了吕惠卿的反对。

此时的吕惠卿以为自己羽翼丰满，早非昔日的"吴下阿蒙"了，在自己的培植下，朝中已有不少自己的势力，且神宗皇帝对他礼让三分。所以张狂得连王安石都不放在眼里，甚至想要取代王安石。因此，处处针对王安石变法，阻碍王安石变法。

然而，王安石对此并没有不满。吕惠卿的飞扬跋扈，神宗是看在眼里的，只是为着变法大业对其忍让罢了。吕惠卿却会错了意，

199

以为神宗不知道，不明白。等王安石重新为相后，神宗对吕惠卿了如指掌了。为了变法的顺利进行，神宗曾经告诫王安石，吕惠卿不推行变法，没有帮助他。王安石却反问神宗："不知道吕惠卿有什么事做得令您不满意？"神宗说吕惠卿"忌能、好胜、不公"，说他嫉贤妒能，争强好胜，做事不公正以及不能宽容别人。但王安石还在为吕惠卿辩护，说吕惠卿人才难得，陛下不应该以小事而要辞退他，这样会使他不安，不利于变法。王安石是本着维护变法的大局出发，不想打击吕惠卿。然而，吕惠卿没有感受到王安石的善意，极力挑拨神宗与王安石的关系，说王安石的坏话。

这年六月，王安石身体不好，神宗派医官给王安石看病，不让他操心政事，安心养病。吕惠卿却见机离间，向神宗进谗言，不过神宗没有相信，并把他的话原原本本转告给了王安石，吕惠卿说王安石假装称病不理政事。不过，经过吕惠卿这么一闹，神宗开始觉得其人不可用了，始有贬谪吕惠卿之意。而此时，朝臣多对吕惠卿不满，如御史蔡承、御史中丞邓绾等人，出面弹劾吕惠卿欺君枉法、立党肆奸。同时，王安石之子王雱也举报了吕惠卿的一些不法行为。

不久，神宗下令罢除吕惠卿参知政事一职，贬谪陈州。然而，贬谪陈州的吕惠卿却没有安分，对王安石展开了报复。他上疏神宗，诋毁王安石欺君罔上，结党营私，并想置王安石于死

第五章　变法失败

地。神宗把吕惠卿的上疏拿给王安石看，对此，王安石十分震惊，也相当气愤，并向神宗解释并无此事。无论神宗怎么看这件事，对王安石来说都是十分沉重的打击。他没有想到自己亲自提拔起来的人，会对自己下以杀手，刀刀毙命，字字杀人。后来，他写信给王珪，深切地表达了这种痛苦：

"自念行不足以悦众，而怨怒实积于亲贵之尤；智不足以知人，而险被常出于交游之厚。"

意思是说，我王安石自知自己的行为不足以取悦众人，然而怨恨怒骂实际上尤其积存于亲贵之人，不承想险些被交游深厚的人害了。

经过这番打击，加之神宗越来越大权独揽，王安石开始觉得朝廷非其所待之地了。熙宁九年（1076）春天，王安石多次请辞。不幸的是，这年六月，王安石如天才般的儿子王雱病逝了，这对王安石来说，无疑是晴天霹雳，致命的打击。王安石再也无心变法了，在力辞下，王安石第二次罢相，出判江宁府。从此，结束了他的政治生涯。实际上，变法也就趋于失败。晚年在金陵的王安石，思考变法失败的原因时，经常写下"福建子"三个字，意指吕惠卿致使变法失败。

在用人不当，从而导致变法失败的问题上，吕惠卿是典型。

201

同时，在其他变法派内部成员身上，也存在用人不当的问题。用人不当很大程度上加剧了变法派内部的矛盾，加剧变法内部的分裂。变法派内部互相争权夺利，置变法的理想于不顾，这样的变法无疑是要失败的。

曾布是曾巩的堂弟，王安石的老乡，是王安石变法的支持者，对推动变法发挥了重要作用。特别是王安石在推行青苗法时，遭到了来自韩琦等老臣的反对。神宗在犹疑不决之时，曾布敢于站出来反驳韩琦的观点，对于青苗法的最终推行发挥了重要作用。在刘挚等人反对实行免役法时，敢于和刘挚辩论，捍卫了免役法。因此，曾布在推动王安石变法的实行过程中起着举足轻重的作用，不亚于韩绛和吕惠卿。然而，曾布之所以对推行新法如此热心，实际上也有着他非常功利的一面。曾布在变法以前，也只是一个小官，如果走正常的晋升之路，短期内很难走到高官厚禄的位置。曾布参与变法无非也是想通过这个途径获得较快的晋升，得到更大的利益，并没有富国强兵的目的。因此，他和吕惠卿一样，都是目的性非常明显。

在对待吕嘉问的问题上，最能说明曾布的野心和功利性。熙宁七年（1074）三月，神宗听闻市易司违法乱纪，降旨令曾布调查此事。曾布以为神宗为了整治市易司，认为这是取得神宗信任、晋升

第五章 变法失败

更高官阶的天赐良机。于是，就对变法派吕嘉问进行种种打击。

实际上，市易司客观上存在垄断行为，存在与商人争利的事实，对小商人的经营活动有一定的影响。但这是制度设计所导致的必然结果，况且曾布也参与了市易司建立和发展的过程，对市易司的情况是相当了解的。但是为了打击吕嘉问，获得神宗的青睐，曾布不顾事实，对吕嘉问的攻击有过之而无不及，手段恶毒和恶劣，比反对派对吕嘉问的攻击还恶毒，告发吕嘉问欺君枉法，甚至出榜要人举报吕嘉问。曾布的这些行为，让王安石非常错愕，不得不出面为吕嘉问斡旋，希望神宗不要受曾布的影响，错怪了吕嘉问，使他蒙冤，同时向神宗建议吕惠卿参与对市易司案。可是，没有想到的是，吕惠卿参与根究市易司案后，他与曾布更是明争暗斗，有如仇敌。这样，神宗也看不下去了，他告诫曾布，要和吕惠卿好好共事，不要与他争论不休，对于朝廷来说这是有失体统的。最后，根究市易司案长期不决。王安石因此看清楚了曾布的本来面目，再次复出的时候，始终都没有起用曾布。

同时，作为变法的重要人物，章惇也曾经对于推动变法发挥重要作用，但是他也是人品和道德存在问题。他和吕惠卿互相支持、配合，互相以权谋私。章惇在经制南北察访使的时候，有一次到辰州视察，推举吕惠卿的妻弟方希觉冒赏领功。吕惠卿为了报答章惇，在其管军器监时，推举章惇妻弟供奉官张赴在军器监任事。等到章惇入掌三司的时候，章惇和吕惠卿商量置三司主簿，安排吕惠卿妻弟方希益、吕惠卿兄弟吕升卿妻兄陈朴任事等。章惇的父亲章俞凭借他的权势，大肆侵占民田，为非作歹，章惇睁一只眼闭一只眼。最后，章惇被人检举控告，罢知蔡州。这充分说明，在变法之中，存在以权谋私、结党营私的现象。这使得变法派内部更加复杂，变法派越来越变质，功利思想充斥其中。想想一个自身都不硬，反而贪赃枉法的团队成员，怎么能使这个团队无懈可击呢？

在变法派内部，邓绾可谓是小人的代表。邓绾是一个十足的趋炎附势、左右摇摆、毫无原则的小人。他加入到变法派，目的非常明显，就是要借助变法快速升迁。因为这是皇帝主张和大力支持的变法运动，当然就是接近天子最快的地方。邓绾是四川双流人，熙宁三年（1070）以前一直在宁州（今甘肃）任通判。同年邓绾上疏条陈当时的政治，对新法大加赞赏，附和新法。在奏疏中说，恭喜神宗得到像伊尹、姜尚一样能力出众的宰相，现在推行变法，实行青苗法、免役法，百姓都是热烈拥护，载歌载舞，日夜歌颂陛下的圣德恩泽。这是宁州的基本情况，从宁州一个州可以知道一路的情况，从一路的情况可以知道全国都是这样的。青苗法非常好，希望陛下坚持推行此法，不要被其他人的议论而动摇。邓绾还写了为王

第五章 变法失败

安石歌功颂德的诗文。王安石看到他的奏疏后非常高兴,并报告给了神宗,神宗也是十分高兴,立刻下诏请邓绾火速入京面圣。

由此,邓绾由一个地方的小官,升到中央的高级官员,担任集贤校理,检正中书孔明,加入变法派,进入到神宗视野。因此,在京的同乡都很鄙视和嘲笑他,邓绾却厚颜无耻地说:"笑骂由你们,当好官当大官是我想要的。"然而,邓绾最无耻的还在于他的见风使舵。熙宁七年(1074),王安石罢相,失去了权势,他就开始疏远王安石,攀附吕惠卿。然而,等到王安石再次担任宰相的时候,他又变更门庭,又去投靠王安石,检举吕惠卿在华亭购置田产的事,还上疏要求朝廷录用王安石的亲戚为官,甚至为王安石乞求朝廷的恩泽。对此,神宗对邓绾很不满,王安石也因此很讨厌他,不久,邓绾被王安石贬谪到虢州。

唐坰也是一个十足的小人,是投机分子。原本是投靠了旧党韩琦,后来韩琦失势,为了达到自己的政治目的,获得更高的官位,便投靠变法派。以前他只是一个秘书正字监北京仓草场的小官,为了得到重用,他多次上书言事,提出了诛杀反对新法之人的极端言论。王安石因为他拥护新法,所以提拔他为太子中允。没过几个月,王安石打算任命他为谏官,但是不久,王安石怀疑他轻佻不能堪当大任,便没有任命他。因为这件事,唐坰开始迁怒于提拔自己的王安石。为此，他写了20多封奏疏论时事，但并没有受到重视。

然而，熙宁五年（1072）八月的一次朝会，百官都散去了，只有两府大臣等候奏事。唐坰见机行事，请求入殿奏事，没有得到神宗的允许，但他却伏地不起，再三请求入殿奏事。被经允许入殿后，就对王安石展开了肆无忌惮的攻击，说王安石专权作威作福，任人唯亲，结党营私，把善拍马屁但无能力的人放在关键的岗位，作为自己的耳目和亲信。这样使得天下的人只知道王安石，不知道陛下。他还反对新法，说新法过于苛刻，剥削严重。他的这种狂悖的言论，使群臣大为惊诧。唐坰的这个事例充分证明：一旦没有满足投机分子的要求，一旦投机分子没有得到相应的好处和利益，他们的本性就会暴露无遗，成为变法的重要阻力和不稳定因素。

王安石变法派团队和阵营内部不团结，小人和投机分子不少，变法不失败都难。王安石是何等聪明的人，对于变法内部人员，他应该是比较清楚的，只是他为了变法的大局出发，有时候只能做出让步和牺牲。事实上，王安石在用人的问题上，常常是以是否拥护新法为标准，而忽略了道德和人品。因此，反对派攻击他这点，是有道理的。

对此，王安石也是纠结和痛苦的。这种苦闷，在他复出再次担任宰相的时候，表现得更加明显。对于变法派内部的互相倾轧，对于身边的小人，他有更充分的认识了。但是他知道，为了保证新法有人推行而不能把他们全部排斥出去，这正是他的悲剧命运所在。

相较于反对派，变法派很多人都是小人、政治投机分子，把个人利益看得太重；而反对派很多人都是道德高尚的君子，他们虽然是反对新法，但并不是为了一己之私，而是为了国家和百姓。两者比较，在道德和人格上高下立判。变法派往往缺少这种精神，因而可见变法图强、富国强兵只是王安石等极少数人的理想。因此，王安石变法和神宗元丰变法，失败也就在所难免了。

三、旧党阻扰

旧党的反对显然是变法失败的重要原因。旧党势力非常强大，其中有很多元老大臣、实力大臣，位高权重，甚至还包括以太皇太后、皇太后为首的后宫势力。在这些大臣中，以韩琦、富弼、吕公著、司马光、文彦博、吕诲为主要反对势力。其他如欧阳修、苏轼、苏辙、范纯仁、范镇等人对新法的反对也是不可小觑的力量。他们由元老重臣和谏官以及御史组成，官居要职，虽然因反对变法，被放逐、贬谪，或被逼令致仕。但他们的门生故吏遍布朝野，形成了一股强大的势力。谏官负责弹劾百官、检举百官，他们对新法的反对，容易起到推波助澜的作用，造成天下群情汹汹的局面。

首先，旧党对变法的反对，是对变法指导思想的反对，即围绕祖宗之法变与不变的讨论。王安石认为祖宗之法不足训，提出三不足的变法理论。而司马光和文彦博等元老重臣，却固守祖宗成法，如司马光提出了"祖宗之法，不可变"，文彦博提出了"祖宗法制具在，不须更张，以失人心"。

其次，旧党往往针对变法派实行的变法措施，进行攻击和论战，提出反对意见，甚至在社会上形成一种不利于变法的舆论。如在青苗法的问题上，旧党一些成员认为青苗法是国家变相的敛财手段，增加了人民的负担，但他们并没有看到青苗法在减少贫民负担上的作用。他们在看到青苗法存在一些问题后，就夸大了青苗法的负面作用。对此，他们上疏神宗，反对实行青苗法，认为青苗法不宜在全国推广。如在免役法的问题上，他们也是对免役法存在的问题进行夸大，不断上疏，请求废除免役法。最终在旧党势力重新掌权后，此法被废除。反对派对其他变法内容的反对，基本上和这两类变法措施类似，手段相同。

除上述元老大臣反对外，在推行的过程中，地方上也有一批因循守旧的官员抵制新法。如青苗法推行时，陈留县知县姜潜把

第五章 变法失败

青苗法张贴在县衙门前。并在乡村宣传了三天，后无人来纳青苗钱，就说没有百姓愿意请纳青苗钱，随后以自己生病为由辞官。山阴县知县陈舜俞，不奉令推行青苗法，并上疏反对实行青苗法，认为这会导致天下大乱。免役法在实行时，地方官吏长葛县令乐京认为免役法不利于百姓，并不积极推行此法。湖阳县令刘蒙也是如此，对免役法加以反对，不予以推行。富弼作为元老大臣，因为反对新法，被罢知亳州，反对推行新法，甚至干扰新法在地方的推行。作为大臣的范纯仁也是如此，他在地方为官时，甚至下令州县不得实行新法。司马光在永兴军为官时，当时西夏不断犯边，朝廷要求陕西诸路加强防御，并派遣义勇戍边。而司马光对此很抵触，擅自撤去了许多防御设施，还拒不催讨青苗钱。熙宁三年（1070），在文彦博的支持下，东明县知县贾蕃故意提高户等，向本无差役负担的下户征收免役钱，引起了数百家农户突入王安石府邸请愿，妄图颠覆新法。又如林英、张峋、王醇等人在地方任官后，拒绝推行农田水利法、免役法等。

郑侠上《流民图》，对变法派造成更大的打击。神宗看到《流民图》后，对百姓流离失所、苦不堪言的情形甚为震惊。作为一个爱护百姓的好皇帝，神宗也是无法容忍因为变法导致百姓贫困的，新法是要给百姓带来富裕的，反而导致如此结果，这是神宗万万没有想到的。这对进一步动摇变法产生了直接的影响。加上太皇太后、皇太后等看到《流民图》后的反应，自然是不允许变法危害赵宋王朝统治的。

此外，王安石的弟弟王安国、王安礼也反对新法，他们都希望其兄远离小人。他们劝谏王安石不要推行新法，以防给王氏家族招致祸患。太皇太后、皇太后经常在神宗面前哭哭啼啼，认为王安石变法会导致天下动荡，危及赵宋天下。后宫势力的干扰最终成了王安石罢相的推动力。并在神宗驾崩后，后宫势力执掌政权，更是肆无忌惮地破坏新法。

可见，王安石在变法过程中，需要同各种反对势力作斗争。同时，还需要同变法派内部的小人周旋，另外，又要面对日益成长的神宗皇帝的掌控，的确艰难。此种情形下如果没有神宗皇帝的支持，变法肯定会更加举步维艰。

四、实施问题

熙丰新法走向失败，也与变法内容自身存在的问题和不足有着密切的关系。导致变法措施在执行过程中产生了种种问题，加剧了变法派与反对派、变法派与百姓之间的矛盾。

变法内容存在的问题，较多地集中在青苗、免役、市易和保甲诸法上。

就青苗法来看，在实行过程中存在一些问题。青苗法是在百姓夏秋青黄不接的时候，贷给他们钱物，本意是为解决贫困户的困难，官府也适当地收取利息，可谓双赢。然而在实行过程中，因地域、官员素质的不同，导致出现折价、索逼本息和抑配的问题。首先，就折价问题来说，百姓以种地为生，收取粮食，为了还青苗钱，就需要把粮食拿到市场获得现钱，然后再把钱还给官府。这样一来，会出现商人压低物价的问题，农民需拿更多的粮食才能换得现钱还青苗钱。实际上，由于官吏盘剥，乃至商人的投机倒把，几乎诸路都存在普遍折价过高的现实，导致农民蒙受更大的损失，这就与青苗法的初衷相违背。因而致使青苗法无法推行，变法受挫。其次，就索逼本息来说，青苗法本来是要获取利息，不过要控制这个利息低于高利贷者放贷的利息。但在实行过程中，由于农户有时候不能及时交还利息，就会有官吏不断催逼偿还的情况。这样就会导致农户为了还青苗利息，不得不伐桑为薪以易现钱交纳青苗钱。熙宁七年（1074），大臣韩维看到京畿附近的县份，存在监督索取青苗钱非常极端的做法：通过鞭挞农户达到完成青苗钱的任务，甚至迫使农户为了还钱，砍伐掉桑树作为柴火卖到市场，以获取现钱交纳青苗钱。如果遭遇旱灾，这种苦难就更加明显。韩维观察到了京畿县份如此，其他远离天子的州县恐怕有过之而无不及。最后，抑配问题。所谓抑配问题，实际上是指青苗法在实行过程中，存在把青苗钱强行抑配给富户、坊郭户等不需要请纳青苗钱的户等，他们无须借贷，也不愿借贷。而作为负责一路青苗钱的提举官，就下令随户等高低分配，又令贫富相兼，十人为保。这样的做法，就等于是把自愿请纳青苗钱变为强行摊派青苗钱。地方官吏为什么这样做，自然是为了完成青苗钱的任务，彰显自己的行政能力，获得升迁的机会。但是，这样就加剧了百姓与官府的矛盾，尤其是引发富户对官府的不满，动摇了北宋政府的统治根基。

　　青苗法存在这些问题，说明了在执行过程中由于执行者的因素，导致青苗法成为百姓不喜欢的新法内容，也成为反对派重点攻击的对象。

　　就免役法来说，在施行过程中，存在的问题也不少。首先，是收取多少役钱的问题。在实际推行过程中，各州县普遍把役钱定得很高。如利州路役钱岁用96600余缗，而转运使李瑜实际收取役钱140400缗。地方官吏抬高役钱，目的是为讨好上司，获得晋升的机会。其次，如何划分户等的问题。划分户等关系到每户应该纳役钱的实际数额，而在实际施行过程中，存在随意升降户等之事，不根据实际的财产来定户等。这是因为官吏收到了贿赂，存在将上等划为下等、下等划为上等的情况，导致农户不愿出钱助役而情愿充役。因为随意划分户等，导致开封附近的县份东明县农户数千人跑到开封府告状。告状无果后，突入王安石的府邸，造成群体性事件的发生。最后，免役也存在以物折钱交纳役钱的问题。在传统社会，农民把生产的粮食或其他农产品拿到市场进行交换，才能获得现钱；商人哄抬物价，农户需要用更多的粮食或农产品获得现钱交纳役钱；有时在紧急的情况下，也不得不借高利贷交纳役钱。这样，一方面从繁重的劳役中解放出来，一方面却又掉入了高利贷的泥潭不能自拔。

就市易法来看，也存在不少问题。起初，推行市易法的目的是平抑物价，限制城市豪商获得巨额利润，增加官府收入。实际上是官府作为商人与商人在市场上争夺利益。这样，官员就变成了有政治特权的商人。在政治的外衣下，操纵市场，不用市场经济的规律来说话。这样，官商的危害远大于豪商巨贾。

首先，出现官府垄断市场的情形。所以在熙宁五年（1072），神宗对王安石说，听闻市易司做买卖极其苛刻琐细，城市市民不停发出怨恨和毁谤之声，以为这是官府把天下货物收为官有，实行买卖垄断。熙宁六年（1073），反对派元老重臣文彦博观察到市易司监卖果实,认为这样的做法是聚财敛财的小人胡作非为,肆意侵夺贫下户的利益,玷污连累朝廷。同时,提举市易务的吕嘉问也注意到,凡是市场中介和小商人胆敢与市易务争夺买卖,就会遭到打击,一切都是随他们的心意,小则鞭笞,大则收入监狱。这充分说明,市易法在实行过程中存在垄断的弊端。

其次,由于市易法是官员作为商人参与市场利益的重新分配,就会形成一批官商。官商凭借手中的权力,不是很重视商品质量,存在投机倒把的心理,于是造成商品质量恶劣不堪。官商把这些质量差的物品卖给百姓,百姓自然不乐意,还不如以前从市场买的货物好。以前虽然花的钱可能会多,但是货物质量有保证。这样就导致市易法在推行中与百姓产生矛盾,从而,导致对市易法推行不利。

就保甲法来说,目的是通过加强治安,组织乡兵与正规军相配合,增强军事力量,本来是一项很好的变法内容。但实行过程中,也存在一些问题。首先,是如何组织的问题。如果组织不当,可能带来社会治安问题,引起社会骚乱。其次,是如何训练和管理的问题。因为农民主要的精力是农业生产,只是闲暇时参与军事训练。如何处理生产和训练之间的关系,是考验此法能否成功的重要因素。

正是因为新法在施行过程中存在诸多弊端,这就成为反对派反对新法的重要借口,成为新法不能顺利推行的理由,自然也就成为新法要被废除的重要原因。

五、性格命运

人们常说,性格决定命运。王安石和神宗性格上的优点也好,缺陷也罢,对于变法的成功与否都有一定的影响。

王安石作为宋代重要的思想家、政治家、文学家,一代大儒,以天下兴亡为己任,以富国强兵为人生理想。世界观、人生观、价值观都格局远大,超越常人。但王安石存在一个致命的弱点,遇到了挫折就想退缩。也许有人会认为这是他以退为进的策略,正是他聪明之处,过人之处。其实,这种说法有失偏颇。如果说王安石偶尔以退为进,那属于正常。但实际上他常常一遇到阻力,就萌生退意,这不是一种法家坚持到底的精神,而是一种明哲保身的做法。

熙宁二年(1069),王安石被神宗任命为参知政事,主持变法。王安石执掌大权后不久,这年五月,吕诲上疏论王安石十大罪状,给王安石造成了很大的压力。为此王安石上疏请求辞职,想就此撂挑子不干了。不过在神宗的劝慰下,王安石最终留下来继续主持变法。又没过多久,熙宁三年(1070),河北安抚使韩琦向朝廷表达了青苗法的危害,神宗皇帝听了韩琦的言论后,有点动摇,想废除青苗法,王安石对此很不满意,因此请求辞去宰相之职。熙宁四年(1071)五月,王安石主持变法不久,推行了免役法,以前不需要应役的官户、城市人户等都要交钱应役,这样带来了役钱交纳不均以及处置不当的问题。开封府所辖县东明县,就因为役钱征收不当,致使数百人来到开封,并到王安石府邸告状。因为这件事情,王安石又向神宗请辞宰相。熙宁五年(1072)五月,王安石和神宗在对李评的处置上意见不一,王安石求去,乞东南一郡。是年六月,王安石又上表请辞。熙宁六年(1073)正月上元夕,王安石从驾乘马入宣德门,守门卫士阻拦并挝伤其马,后王安石求罢相。熙宁七年(1074)三月,郑侠向神宗上《流民图》,猛攻王安石,王安石因此上疏请辞,并由此导致了第一次罢相。

熙宁八年(1075),王安石复相。不过此时变法不再像以前那样了,神宗也长大了,更有自己的看法,变法派内部不统一,互相倾轧,王安石回来了,自然觉得不适应,再加上他儿子的去世,更是对他打击很大。所以不到一年,他多次请辞宰相,回归金陵。可以说,这是王安石最为心灰意冷的时候,因为变法已经

第五章 变法失败

不是以前的模样了。而且神宗更加专权,还要面对变法内部的矛盾和反对派的攻击,即使是一个铁人也会倒下。何况王安石是一个文人,有着丰富的情感。

如果说熙宁二年(1069)至熙宁七年(1074),王安石一遇到困难和挫折,就打退堂鼓,是他的性格问题,没有法家一干到底的勇气。那么,熙宁八年(1075)以后,王安石请辞,更多的是其对变法的失望,他开始寻求内心的安宁,参禅悟道。对于一个有着远大抱负的政治家来说,这就是最好的归宿和寻找自我的方式。

同时,还应该指出的是王安石性格执拗,因此在宋代被人称为"拗相公"。容易固执己见,一意孤行,听不进别人的反对意见。这样倔强的脾气,使他与大臣的关系很复杂,对于后来变法的失败起到一定的负面作用。

神宗和英宗一样都想干出一番大事业来,成就非凡的功业,从而证明他们作为皇位继承人是合理且顺乎天意的。这样一种情结和心结,实际上与他们的出身是密切相关的。作为养子的后代继承大统,神宗与英宗都在建功立业、开疆拓土上有着强烈的愿望。

年轻的神宗皇帝在变法上有点急于求成。因此,熙宁五年(1072),王安石写了一道奏疏给神宗,指出了他急于求成的问题,认为急于求成会导致新法破坏殆尽。在这封上神宗皇帝的札子上，王安石说："陛下您即位已经有五年了，更张改造的事情有数千数百之多，而还要立法和立书存具，能给国家和百姓带来好处的措施很多。在这些好多的措施中，应该采取效用最大、成效最慢、议论最多的五件事情：一是和戎，二是青苗法，三是免役法，四是保甲法，五是市易法……而唯有免役法、保甲法、市易法，这三者有大利害，应该有合适的人慢慢推行此法。如果不是合适的人去推行有很大好处的变法措施，就会带来祸害。慢慢推行这些变法措施，就会带来很大的好处；如果急于求成，就会带来很大的危害。我担心那些邀功请赏的人，急于求成，希望在几年之内取得成功，这样变法就会遭到彻底的失败。"

王安石在这道奏疏中，实际上是针对神宗急于求成的做法提出了劝谏，但是这并没有改变神宗急于求成的性格。

神宗在开拓疆土上亦有点冒进。例如他用韩绛去对付西夏，最后导致大败。元丰时期，神宗求胜心切，不顾军事改革成效不大的现实，先后发动两次大规模的对西夏的军事行动。结果以惨败告终，这对神宗自信心的打击是很大的。

六、君臣离心

神宗在作为太子的时候，就知道王安石，把他奉为贤才楷模

第五章 变法失败

一般地仰慕。等到继位后,就迫不及待地想要见到王安石,并与王安石促膝长谈了几次。越来越被王安石的才华、变法图强的理想蓝图、人格魅力所折服。王安石也希望能得到皇帝无条件的支持,而此时的神宗正是王安石期待已久想要找的明主。于是王安石与神宗如千古知遇就不可避免地发生了,并成为千古佳话。

此时,神宗更像是一个学生,王安石更像是一个老师。但是学生总会有成长的一天,有自己主张的一天。于是君臣之间的矛盾就不可避免了,这好像是逃脱不掉的规律。

王安石能得到神宗重用,是因为北宋积贫积弱的历史现实。他渴望改变现状,富国强兵,为祖宗报仇雪恨,成为大有为之君。王安石也想实现富国强兵的理想,并且有一套富国强兵之法。因此,他才能被神宗赏识和知遇。可以说,神宗重用王安石是为自己的帝业。因此,在变法初期,作为王安石崇拜者的神宗自然会无条件支持他,即使反对派再怎么反对,他都对王安石信任有加。但是对反对派的打击尤其是元老重臣的打击,有所保留并没有彻底打倒,这说明神宗对这些人还充满感情,对变法看似什么都支持,实际也还是有所保留。这种权衡之术,最终为王安石与神宗君臣离心起到了推波助澜的作用。

其实,王安石与神宗的嫌隙在熙宁变法初期就开始渐渐显露

219

出来了，只不过这时只是小的矛盾。他们矛盾的焦点在于用人的问题上，王安石认为为了推行新法，就需要任用一大批年轻的官员，对反对变法的人一概打倒贬谪。而神宗不主张这样做，认为排斥元老重臣对于团结不利，会丧失人心，匆忙提拔的年轻官吏存在经验不足的问题。

当变法在施行过程中存在问题，加上反对派的抨击，尤其是后宫势力阻挠变法时，神宗开始动摇了。对王安石的信任开始减退，对他寄予的希望在消减。最终由于天灾人祸和反对派势力、后宫势力的干涉、阻挠，王安石第一次被罢相。王安石和神宗如一人的局面被打破，君臣之间开始疏离。

王安石罢相后，吕惠卿以参知政事的身份推行变法，王珪为宰相，事事听从神宗。这时的神宗在政治上得到锻炼，成熟为一代君王，深谙权术之法。不久王安石复相，但是神宗对王安石的态度发生了很大的变化。不再是言听计从了，不再是一个学生，更像是一个帝王。王安石复相后，曾要求对不附新法者治罪，神宗却并没有听从，并对新法中出现的问题十分在意，不再以王安石的意见为准。如韩琦多次奏报青苗法害民，神宗就派宦官到各地调查，召地方官入京询问真实情况。这说明神宗不再完全听从王安石的意见和其他人的意见，不再受他们的摆布。

第五章 变法失败

如免役法施行后，存在令保丁催税的事，神宗却责备王安石这是"失信于民"之举。市易法问题严重，神宗一再"以市易苛细诘责中书"，全然不顾王安石的反对，派曾布去调查处理市易司违法案。青苗法也采取这种折中办法：一半留作平常备荒之用；另一半依旧发放。并对新法进行了一些调整，并非都按照王安石的做法来推行新法。

更进一步加剧君臣离心的是，王安石希望神宗处理枢密承旨李评，因为王安石觉得他诋毁新法。然而李评是皇亲国戚，又喜欢上疏言事，且多被神宗采纳，和神宗比较亲近，神宗也喜欢找他说说话，因此对他信任有加。熙宁变法初期，李评上疏批评助役法，招致王安石的厌恶。此后，王安石和神宗在李评的贬谪问题上进行了多次争论。熙宁五年（1072）五月，李评主持的紫辰上寿仪制出台，不料却遭到众多大臣反对。王安石趁机处罚李评，但神宗没有同意，却说这是新制定仪制的过错，并非只有李评应该获罪。此后，王安石和神宗围绕李评的处置问题进行多次交锋和辩论，而神宗始终站在李评一边。对此，王安石很是气愤。王安石对李评可谓是深恶痛绝，必欲除之而后快，而神宗非要站在李评这边，君臣二人因此闹得不可开交。最后，王安石以提出辞去宰相之职相要挟，神宗为维护新法只好对王安石作出让

221

步，但告诫王安石李评的父亲已经年老，就不要把李评外放州县了。但是王安石不近人情，坚持把李评外放保州，领荣州刺史。不得已，神宗放下自己帝王的尊严，同意了王安石的意见。这件事对于王安石与神宗的关系来说无疑起到破坏的作用，此后神宗开始厌恶王安石，亦不再对王安石言听计从了。

就在李评被贬谪的这个月后，还发生了一件事情，让神宗和王安石的关系更加紧张了。有一个叫郭逢原的地方小官写了一道奏疏，对王安石赞赏有加。极尽吹捧之能事，并建议神宗应该用更高的礼遇给王安石，加之以师礼。他在奏疏中说道："从周文王、武王以来，没有盛德有为的君主超过了神宗皇帝；而胸怀儒家之道的除了孔子、孟子以外，就是王安石了。陛下虽然现在是以师臣之礼待王安石，但规格不够高，应该以师礼待王安石。"并在奏疏中说，应该给宰相更多的权力，给王安石生杀予夺大权；还说处理李评的事顺应了天意和人心，是英明正确的。实际上是说，王安石在处理李评问题上是正确的，而神宗皇帝做得不对。这封极力吹捧王安石的奏疏，神宗看后非常生气，触碰到了帝王的痛点，帮王安石要权，分夺帝王的权力，这是无论哪个英明的帝王都是不会允许的；妄议李评的事，这是在给神宗皇帝的伤口撒盐，同时，还质疑帝王的权威，这条条都是死罪。还好宋朝有不杀士

第五章 变法失败

大夫、不杀上疏言事官员的祖宗之法。郭逢原以为是给王安石歌功颂德,实际上却加剧了神宗与王安石的嫌隙。为此,本来就很生气的神宗皇帝,试探地问王安石:"郭逢原这个人很轻佻。"王安石却反问神宗:"您怎么知道的呢?"神宗说:"看到他写的奏疏,想要合并枢密院,废除募兵制度。"王安石却说:"郭逢原人才难得,像他这样有想法的人才,可以试着大用。"很显然,神宗对郭逢原很有看法和意见,王安石却不顾这些,想要神宗重用他。通过这件事情以后,王安石在神宗心目中帝王之师的形象不复存在了,王安石的地位发生了动摇,二人嫌隙进一步拉大。

更为严重的是,利州判官鲜于侁上疏神宗。指责王安石变法危害天下,神宗却装作不知,并把这个人升为利州转运副使。王安石知道后,入宫询问神宗,为什么不罢除鲜于侁,反而重用他。神宗给王安石的答复是鲜于侁有文学特长,所以要升迁。王安石听后,觉得不可思议,但也没有办法。而这个鲜于侁在利州不推行青苗法,王安石派人去责问,他却说:"百姓都不愿请纳青苗钱,怎么强制配给呢?"此时,王安石明白,神宗的做法就是有意在为难自己,为此,他提出了辞职,请求罢相。

对此,神宗极力挽留,说:"自古以来君臣之间的关系,像你与朕这么相知的极少。朕原本孤陋寡闻且愚钝,向来缺乏智慧

223

和识见,当你入翰林后,开始听闻你的道德文章,心智才有所开悟。现今天下事才千头万绪,你怎么可以辞职呢?"但王安石此时知道神宗不再是以前的神宗了,所以坚持辞职。为了挽留王安石,神宗又说:"你不要因为李评的事情与朕产生嫌隙。朕自登基执掌大权以来,就知道你,像吕诲他们把你比作少正卯、卢杞,朕都不相信,除此以外,还有谁能蛊惑朕呢?"

神宗说这番话,目的是挽留王安石。但是当王安石危害他推行新法,或者王安石新法危及他统治的时候,罢免王安石就会不可避免,王安石也会和其他人一样被扫出庙堂。君臣之间那种如一人的情况,已然不复存在。君臣离心成为必然。

七、两次罢相

王安石以文人出掌宰执,主持变法,自然带有文人的性格特点和诗人的气质。在神宗的坚定支持下,新法于熙宁二年(1069)开始实行。但是旧党反对派没有停止过对新法的反对,当朝廷实行一种新法时,他们就群起而攻之,虽然王安石在应对这些争论时游刃有余,但未免会心累。遇到挫折时,有选择归隐的想法自然也在所难免。他在《后殿牡丹未开》一诗中表现出归隐的想法,诗云:"红襆未开知婉娩,紫囊犹结想芳菲。此花似

第五章　变法失败

欲留人住，山鸟无端劝我归。"这首诗充分表达了王安石归隐的想法。但是在《精卫》这首诗歌中又表达了他不畏牺牲、坚持变法的决心，诗云："帝子衔冤久未平，区区微意欲何成？情知木石无云补，待见桑田我变更。"

王安石总是矛盾的。一方面想继续变法，一方面遇到阻力就想退缩。随着新法的不断深入，旧党反对派的声音越来越大，神宗皇帝的不断成熟，对权势的掌控，让王安石感受到了很大的压力。

熙宁六年（1073）发生了一件小事，但对王安石来说是一件大事。这年元宵节，王安石应神宗之请，从驾观灯。但在乘马入宣德门的时候，遭到了守门将士的阻拦，并殴伤其坐骑及随行侍从，让堂堂宰相大人颜面扫地。对此，王安石认为这个守门将士肯定是受到了攻击新法人士的指使，请求神宗从严处理。但神宗并没有按照他的意思去做，只是交给了开封府，没有深究背后指使的政治势力。对此，王安石感到很不愉快。这年二月，王安石称病请求解除宰相之职，神宗皇帝没有批准，多次召见王安石之子王雱慰问，并令大臣冯京、王珪谕旨安慰。这样，王安石才出来继续推行变法。

同时，在变法举措和人事任免上，王安石和神宗也有争论和不同意见。尤其是对待李评的事情上，王安石与神宗的意见相差极大，且王安石没有顺从神宗的意愿使李评在京为闲官，而是贬谪李评为

225

地方官，严重损害了神宗的皇帝尊严。从此，神宗开始厌恶王安石。

而最终促使王安石第一次罢相，还是天灾人祸。不幸的是，从熙宁六年（1073）春至熙宁七年（1074）秋，久旱无雨，干旱蔓延。神宗整日忧心重重，在一个信奉天人感应的时代，他感受到了上天的示警和惩罚。旧党反对派借此大肆宣扬上天的惩罚，是因为变法搞得天怒人怨。因此，神宗对变法事业产生了动摇，王安石多次规劝他，都没有什么作用。

王安石罢相后，在金陵过着相对悠闲的生活，处理完公务，便喜欢出游。

随着旱情的缓解，民情开始好转，神宗又很想王安石复相襄助自己变法。熙宁八年（1075）二月，神宗再次任命王安石为相，派遣官员到江宁宣诏王安石。但出人意料的是，王安石居然没有推辞，欣然接受了任命。在为相和变法之间王安石一直都是矛盾的综合体，一面想变法，一面想退隐。第一次罢相相对他来说，是实现了他归隐的理想的。

但是，对于王安石的这次复相，有很多人是不高兴和不满的。其中旧党反对派那就不用说，变法派内部也存在反对和阻挠的声音。吕惠卿是王安石变法的得力助手，也是他一手提拔起来的新人，更是在其罢相时向神宗推荐的参知政事的人选。然而吕

第五章　变法失败

惠卿在当上参知政事后，权力欲望大增，担心王安石复相后威胁自己的地位，因此想断绝王安石的复相之路。但是吕惠卿和韩绛也有矛盾，韩绛为了排挤吕惠卿，极力在神宗面前请王安石复相，得到了神宗的认可和同意。而这时，朝廷出现了谋逆之事，危及天下安危，天下人都开始怀念王安石执政，神宗当机立断，请王安石复相。这次谋逆事件也称为"李士宁事件"。李士宁本是一个道士，熙宁八年（1075），余姚县主簿李逢勾结宗室赵世居、医官刘育谋逆。事情败露后，不久被捕入狱。有人举报说李士宁参与此事，而李士宁与王安石曾有交谊，王安石曾写诗赠给李士宁。结果是赵世居赐死，李逢、刘育等人斩首，李士宁流放永州。但是，明眼人一下就看出来了，这件事情是吕惠卿有意针对王安石的，目的是要阻止王安石复相，用意非常歹毒。吕惠卿的这种行为引起了神宗的不满，为此，神宗决意再次起用王安石为相，王安石也就不退让了，接诏后快马加鞭赶往开封。

虽然王安石复相了，但是早已不是熙宁二年（1069）刚被任命参知政事主持变法的格局了，可以说早已物是人非。现在变法派内部的矛盾越来越尖锐，一是吕惠卿反对王安石复相，二是神宗皇帝越来越独断专行了。因此，王安石复相后首要面临的问题是如何处理与变法派内部成员的关系，尤其是与吕惠卿的关系，再者是如何处理与神宗的关系；其次才是谈如何深入进行变法。自从王安石罢相以后，吕惠卿的权力欲望不断膨胀，随着王安石复相，吕惠卿感受到巨大的威胁。于是王吕之间的矛盾不可调和，这是吕惠卿的个人野心膨胀所致。当然也有王安石用人、荐人不当的问题，实际上是在推行变法过程中谁做主的问题。王安石与吕惠卿在人事任免上存在很大的分歧和矛盾。王安石本来想用练亨甫，而吕惠卿兄弟认为这人是奸邪之人，实际上是练亨甫与吕惠卿兄弟矛盾很深，招致他们的反对和报复。王安石不为所动，坚定用练亨甫，使吕惠卿兄弟心生怨恨，还怪王安石不为其兄弟辩护。为此，吕惠卿还跑到神宗面前告状，说以前有人诬告王安石，他出面帮王安石辩诬，而现在有人诬告我，王安石却不帮自己辩诬。在对待沈括、李承之的任用上，王安石主张用其所长，吕惠卿却加以反对。其他如在谢景温、卢秉等人的任免上，吕惠卿和王安石的主张也是相反的。在人事任免上，王安石与吕惠卿之间尖锐的矛盾背后其实就是权力之争。

除在人事任免上的矛盾外，吕惠卿和王安石在其他方面的分歧和矛盾也很大。如王安石想添盐钞废交子，置河北运米而行市易俵放之法，吕惠卿以为不便，加以反对。又如在王子京和王子韶案件上，王安石只断王子京不察之罪，吕惠卿却觉得判得太轻，王子京为同谋，不应该只是判不察之罪。这些事情看似小事，却是吕惠卿私心作祟，有意制造矛盾。吕惠卿的这种嫉贤妒能、排挤异己的行为，也让神宗很不满。熙宁八年（1075）闰四月，神宗对王安石说："吕惠卿不好好干事和配合，不再是帮助你的人。"并说："吕惠卿兄弟争强好胜、嫉贤妒能。"可见，对于吕惠卿的所作所为，神宗是看在眼里的，心里也是清楚的。

然而吕惠卿不知道收敛，对王安石的攻击变本加厉。已由原来的政治争端发展到对王安石人品的中伤上来了。熙宁八年（1075）五月，王安石生了一场病，吕惠卿却在神宗面前说王安石是装病，并说本来自己和王安石好好共事，共同推动变法，没有想到王安石却经常装病不做事，把所有事情都推给我来做，我是怕哪一次做错事了，担负不起这个责任。

这年七月，御史蔡承禧弹劾吕升卿，牵连吕惠卿，吕惠卿因此上表求去职。神宗没有答应，并问他什么原因要走。神宗说："是因为和王安石在用人上的不和吗？"吕惠卿进行了否定。神宗又说："王安石复相了，你们就应该好好共事，同心协力推行变法，为什么一心想走呢？"吕惠卿这才说："王安石复相后，老是称病不做事，与往日的王安石不同了，没有想到王安石对陛下的事业这么不尽心。"神宗说："王安石是考虑到对天下做出大有可为的事来，所以才肯复相。"吕惠卿却说："那应该是复相不如意，所以才会不安其位；或者由于我的缘故了。"吕惠卿把矛头指向王安石，分明是在挑拨神宗与王安石的关系。为了变法事业，神宗还是再三挽留他，这样，吕惠卿才能出来推行变法。但是，这年十月，吕惠卿再次提出去职。这次神宗准了他的请求，吕惠卿罢知陈州。神宗在给他的手诏中指出他的问题，说："朕多次提拔和擢升你，让你参与变法，你却不能公私分明，假公济私，蒙蔽朕。"可见，神宗对吕惠卿是看得非常清楚的。

吕惠卿被贬陈州后，王安石与吕惠卿的矛盾并没有因此减少，相反，矛盾更大了。熙宁九年（1076）六月，王雱等人弹劾吕惠卿，指出吕惠卿在华亭违规买田。吕惠卿上疏自讼，极力攻击王安石，诋毁王安石，对王安石的精神造成很大的打击。昔日对王安石言听计从的人，攻击起自己会如此歹毒，远甚于反对派，这让王安石始料未及。吕惠卿的恶毒攻击，是促使王安石辞职归隐的重要因素。

变法派内部，除吕惠卿外，曾布也与王安石交恶。曾布也是王安石一手提拔起来的，王安石也很倚重他。但是熙宁七年（1074）三月，曾布攻击变法派成员吕嘉问，说他欺君罔上。王安石在这件事情上，没有支持曾布，由此导致两个人关系出现裂痕。

第五章　变法失败

王安石第一次罢相后，举荐吕惠卿为参知政事，却没有举荐曾布。另外吕惠卿上台后，借根究市易司案打击曾布，使曾布被贬，这使得曾布很怨恨王安石。王安石复相后，神宗本来打算重新起用曾布，但被王安石否决了。从此，王安石与曾布交恶更甚。

王安石复相后，变法派政治生态已经非常恶化，变法派内部不团结，互相攻击，内耗严重。此时，反对派早已失势，本应该是变法大有作为的时候，但是事与愿违。变法内部的掣肘，使王安石无法在变法上大有作为。选择辞相归隐当是明智之举。再加上不久，王安石心爱的儿子王雱英年早逝，对他打击特别大。此外，神宗也是"颇厌安石所为""上益厌之"。

于是，在这种内外受煎熬的状况下，王安石多次请求罢相，最终被神宗批准。对此，魏泰《东轩笔录》说得很清楚："王安石再次为相，承接旧党之后，平时亲近的人都走了，而在朝廷者已经不可信了，可以值得信任的人才能不足以担当大任。平时只有和其子王雱共同商议大事，而现在王雱又死了，他知道新法难以推行了，于是再次慨然请求罢相，遂以使相再次出镇金陵。"时人魏泰对于王安石第二次罢相缘由认识很到位，道出了他罢相的真正原因所在。就这样，熙宁九年（1076）十月，王安石第二次罢相，被任命为镇南节度使、同平章事判江宁府。

王安石先后两次罢相，原因不同，结果却相同。王安石第一次罢相更多的是由于旧党反对派借天灾人祸扳倒了王安石，这是王安石的运气不好。第二次罢相是变法派内部对自己的攻击、打击所致。两者看似毫不相干，实际上是王安石用人不当所致。第一次主持变法时，旧党反对派指出了王安石任用奸邪吕惠卿等人的问题，而王安石不为所动，最终被吕惠卿所害所误。以致晚年王安石在金陵总是书写"福建子"三个字，实际上是晚年王安石思考变法失败原因的反省。

王安石第二次罢相，标志着由王安石和神宗主持的熙宁变法的失败，熙丰新法暂告一段落。

八、退居金陵

熙宁九年（1076），对王安石打击非常大。他心爱的儿子、天才青年、变法的坚定支持者王雱不幸因病英年早逝。白发人送黑发人，这对王安石来说无疑是晴天霹雳。变法派内部的纷争以及神宗越来越独断专行，这些使以富国强兵为己任的宰相、文人士大夫王安石再也无心推行新法，他渴望超然于世外。于是，他下定决心，远离庙堂，离开开封这个是非之地。在他的坚持下，辞呈得到了神宗的批准。王安石以镇南军节度使、同平章事判江宁府。熙宁十年（1077），王安石辞去判江宁府的官衔。不久后，王安石为集禧观使。由此，开始了在金陵的最后岁月。直到元祐元年（1086）四月去世，在金陵寓居近10年之久。

在金陵赋闲期间，神宗对王安石非常关爱。这件事情可以从王安石的亲友来探望、神宗对其安抚中可以看出。王安石退居金陵不久，内弟吴生来探亲，寓居在佛寺行香厅。当时正当天生节建道场，府僚当会集于此厅。知府叶均派人遣散吴生，吴生不从。上香后，江宁府官僚会集于此。吴生在屏风后谩骂不已。吴生离开后，转运使毛抗、判官李崇对此愤愤不平，派遣皂吏来逮捕吴生，皂吏押着吴生经过王安石家门。叶均等人听到风声后赶忙也来到这里，责罚了皂吏，并向王安石道歉。王安石只是唯唯不答。神宗知道此事后，为此罢免了叶均、毛抗、李崇三人，并以与王安石较好的吕嘉问为江宁知府。仅如此，为了照顾王安石的生活，神宗还让其弟王安上担任提点江东刑牢，并把治所由饶州迁往江宁。此外，在王安石生活贫困时，神宗一次赐黄金50两，元丰末年，又赐黄金200两。而每当王安石生病，神宗都派人来慰问，派太医来诊治。元丰七年（1084）王安石患了一次重病，神宗得知后，便派王安石女婿蔡卞到江宁来探视。

赋闲金陵时，王安石过着简单的生活，写诗问道，出游览胜,交游会客。

王安石开始营建半山园。这项工程始于元丰二年(1079),在半山园种植树木,以文会友。寻山问禅是王安石退居金陵生活的一部分,也是他晚年精神的寄托。

王安石罢相后,神宗曾赠予其马一匹,后又自己买一头驴。出游的时候,有时候骑马,有时候骑驴。元丰初年,他的马死了,以后出游只好骑驴了。王安石出游是非常简单的,没有任何排场,随意而为,没有特定的目的地。因此,王巩曾经说到,王安石在钟山居住时,出游就乘驴子,雇了一个人帮他牵驴。常问王安石到哪里去,王安石说随意去哪里。

王安石是当时有名的大儒,文章节义名震朝野。王安石对佛道也很感兴趣,并不像程颐、程颢、张载那样反佛道。尤其是到了晚年,王安石对佛道的兴趣更加浓厚。

因此,在王安石赋闲金陵时,常常研读佛法、研习佛道要义,这自然成为他生活的重要部分。而他读得最多的佛经主要是《维摩诘经》和《楞严经》。同时,王安石对禅宗也是很有信仰。在他晚年的诗作里面,随处可见禅意。"云从钟山起,却入钟山去。借问山中人,云今在何处。""云从无心来,还向无心去。无心无处寻,莫觅无心处。"这些诗中透出了禅意。

第五章 变法失败

元丰七年（1084）开春，王安石得了一场大病，曾有两天不能说话。五月，神宗派遣蔡卞来金陵看望王安石。六月，王安石病情好转。在病中，王安石感悟了很多，病好后不久，他打算把俗物半山园作为僧寺。在征求神宗意见时，得到神宗的同意，神宗还赐名为报宁禅寺。同时，神宗还同意，他把江宁府上元县的田地赠给蒋山太平兴国寺，作为王安石父母和儿子王雱的功德，为他们祈福。

赋闲在金陵的王安石对老庄哲学也很有感情，希望能寻找到精神的慰藉。早年的王安石否定老庄，晚年的王安石却认同了老庄。

元丰七年（1084），苏轼知汝州，在赴汝州任上，路过金陵，苏轼特意去看望了王安石。此时王安石在病中，苏轼处于被贬谪身处逆境之中。此时，两个人可谓是同病相怜了。尽管王安石和苏轼在变法上的意见不一致，政见不同，但不是水火不容的死对头，两个人都属君子，大文豪，有着许多共同之处。在苏轼遭遇"乌台诗案"身陷囹圄，面临生命危险之时，王安石没有落井下石，而是上书神宗皇帝，为苏轼辩护，积极营救苏轼。对此，苏轼是充满了感激的，顺道看望王安石自然在情理之中了。况且此时，王安石已经罢相，赋闲金陵，不再主持变法了，苏轼和王安石的矛盾自然也就不在了。

于是，两个大文豪在金陵相会了。王安石热情招待了苏轼，两个人一起吟诗作对，诗赋唱和，携手登高，留下了一段千古佳话。

王安石赋闲在金陵，往来密切的变法派人士只有吕嘉问。在王安石变法期间，吕嘉问出力很多，对王安石帮助很大。熙宁十年（1077），吕嘉问被贬谪为江宁知府，与王安石相处一地，由此，两个人过从甚密。王安石在《招吕望之使君》说："潮沟直下两牛鸣，十亩涟漪一草亭。委质山林如许国，寄怀鱼鸟欲忘形。纷纷易变浮云白，落落谁钟老柏青。尚有使君同好恶，想随秋水肯扬舲。"这首诗表达了王安石与吕嘉问的友好之情。元丰二年（1079）秋，吕嘉问改知润州。王安石作《闻望之解舟》相送，表达了对吕嘉问离去的依依不舍之情，亦对他多有劝勉。元丰三年（1080），吕嘉问知临江军，路过金陵拜谒王安石。王安石又与他同上东岭，又邀他至家中畅叙。在变法派内部，王安石与吕嘉问交往频繁，感情真挚。

晚年的王安石也许是最为真实的王安石。他一生是看淡名利、超然世外的。熙宁年间出来辅助神宗变法，实际是传统儒家知识分子治国平天下的入世抱负。当志向得不到施展时，选择归隐自然也是儒家知识分子的出世心态。这在古代传统社会里是很正常的现象。当然，关于王安石的思想，并不是局限于儒家，也有由儒入佛的发展过程。认识王安石，就需要从全面的角度来看，这样才会发现一个真实的王安石。

第六章

新法落幕

熙宁九年（1086）王安石罢相，标志着由王安石主持的变法暂告一段落。开始了由神宗主导的元丰变法。元丰变法是神宗皇帝在王安石变法的基础上进行的调整和扩充，然而，这个时期神宗皇帝对变法的成效显得更加迫切，希望尽早达到变法图强的目的，实现平定辽、夏的远大理想。可是事与愿违，欲速则不达，神宗的理想被对西夏战争的失败浇灭了。王安石和神宗的变法事业最终还是以失败收场，没有达到既定的目标和实现其远大的理想，随着神宗和王安石的相继离世，熙丰新法也就落幕了。历史的潮流滚滚向前。

一、神宗英年早逝

神宗是一个很想有大作为的君主。熙丰新法寄予了他富国强兵的理想，寄予了他平定辽夏、为祖宗报仇雪恨的愿望。在王安石变法期间，取得了熙河之役的胜利，这让年轻的神宗皇帝看到了变法图强的希望，看到了吞灭辽夏的可能性。但是变法的艰辛和曲折，也让一个年轻的皇帝走向成熟。反对派和变法派的斗争，来自后宫的压力以及天下百姓的安稳，这些都让一个年轻的皇帝身心俱疲。此后，王安石罢相，神宗开始亲自主导元丰年间的变法，操心的事情自然比以往更多。然而他事必躬亲，勤奋履政，这在一定程度上导致了他身体的衰弱。

事实上，神宗在34岁以前身体还是不错的，几乎都没生过大病。他首次生病是在元丰五年（1082）八月，这一天神宗因生病没有上朝。但没过几天，病情得到好转，开始逐渐康复。不过，九月初一，神宗又生病了，这两场大病持续了半个月左右的时间。

元丰年间，天公不作美，连年的地震和水旱灾害给北宋王朝带来了巨大的压力和不安定的因素，也更使一国之君的神宗皇帝心头笼上了阴云，心结难以打开。反对派趁天灾，造谣说变法搞

第六章 新法落幕

得天怒人怨,上天不断降灾惩罚人们。天旱久不下雨,让神宗心情更加郁闷和着急,甚至连做梦都想到祈雨之事。有一天他做了一个梦,梦见一个僧人乘着一匹白马在空中奔驰,口中吐出五色云雾,不久大雨就倾盆而下了。可见神宗对于企盼天降甘霖的急切,这些无疑增加了他的身体负担。

同时,神宗也有着家庭的不幸。他先后有子14人,无奈皇子多短命,长子佾等八子先后夭折,所剩的皇子不多,六子为后来的哲宗。有10个女儿,却有七女早亡。皇子皇女们的相继离去,对于慈父的神宗是相当大的打击。想到反对派的天怒人怨之说,病重的神宗难免会多想,这是不利于病情恢复的。然而,接连发生的一起突发事件,大大加重了神宗的病情。熙宁五年(1083)十月初一,李宪、种谔、沈括在永乐之战中战败。永乐城陷落,主将及其官兵几乎全部阵亡,五路大军一举扫灭西夏的战略计划也随之失败。噩耗传来,神宗当朝痛哭,几日不食,悲痛不已。永乐之战的惨败使神宗还没有痊愈的身体又遭受了重重的一击,此后神宗郁郁寡欢,以致病情加重。永乐之役在神宗心中占据何等重要的位置,那是他吞灭西夏的理想,是他变法图强的军事实验场。然而,结局如此惨烈,是神宗始料未及的。可想而知,这对他的打击是多么大。假如,这场战争以宋军胜利、西

239

夏惨败告终的话，神宗皇帝也许很快就能痊愈。然而，历史没有假如，这就是神宗的命。

此后神宗病情越来越恶化了。元丰八年（1085），神宗病情又见恶化。二月，神宗的病更加严重了。宰执们担心皇帝的身体，更担心国家的顺利运转和过渡。宰相王珪多次进奏立太子，得到了神宗的默许。由于拥立的皇子太小，王珪请求皇太后听政，等到神宗康复后还政，神宗点头同意。这时皇子傭和皇太后高氏、皇后向氏以及德妃朱氏在场，王珪奏请皇太后高氏听政。高太后含泪不答应，经过大臣们再三请求，高氏最终答应了听政。

摆在高氏面前听政后的第一件重要的事情，是立皇太子。王珪也乘势请求高太后早立太子。然而在这个节骨眼上，左相蔡确和职方员外郎邢恕密谋立太子。他们拉拢皇太后的侄子光州团练使高公绘、宁州团练使高公纪，但是被高公绘和高公纪拒绝了。蔡确和邢恕想谋立神宗的弟弟岐王、嘉王，从中选一位立为储君。不过他们的阴谋没有得逞，神宗第六子傭被立为太子，就是后来的哲宗。然而诡异的是，奸臣蔡确到最后成了拥护哲宗称帝的功臣，这着实让人匪夷所思。历史有的时候，还是会开玩笑的。

元丰八年（1085）三月初一，神宗病情加重，无法临朝，经大臣们商议，请神宗母亲高太后垂帘听政。皇子傭被立为太子，

第六章 新法落幕

改名煦。而此时躺在宫中的神宗,浮想联翩,神游九万里,回想自己一生的功业和得失以及对自己未竟事业的哀叹。就这样,神宗在这年三月的一天驾崩了。带着很多遗憾和不甘心,这对于一个有着远大抱负的好皇帝来说,尤其依依不舍。不舍的是权势,变法,理想,雪耻。神宗英年早逝了,未免有点天不假年的感慨。这样一个时代就结束了,熙丰新法其实到这里基本上被画上了句号,等待的只是旧党和顽固派对新法的破坏殆尽而已。

王安石听闻神宗驾崩的消息后,老泪纵横,不能自已。不久,王安石写了两首挽辞,哀悼神宗,《神宗皇帝挽辞二首》:

其一:

将圣由天纵,成能与鬼谋。
聪明初四达,俊乂尽旁求。
一变前无古,三登岁有秋。
讴歌归子启,钦念禹功修。

其二:

城阙宫车转,山林隧路归。
苍梧云未远,姑射露先晞。
玉暗蛟龙蛰,金寒雁鹜飞。

> 老臣他日泪，湖海想遗衣。

王安石在这两首挽辞里对神宗进行了高度的评价，称颂他圣明，肯定了他推动新法的坚持以及对他英年早逝和未竟事业感到惋惜，并希望新法后继有人，能继续推行。

神宗英年早逝，最直接的后果是新法失去了它最有力的保护者，随时面临被清算的可能。北宋王朝何去何从，成为当时变法派和反对派不得不思考的重要问题。是继续实行神宗继位以来的政策，还是改弦更张，重新回到祖宗之法上来。这个问题关系到新的政治形势、国家大政方针、人事任免和人心所向。

毫无疑问的是，以太皇太后高氏为首的后宫势力执掌了政治权柄，太皇太后高氏垂帘听政，实际上就意味着新法会有被罢除的可能性。因为，高氏在神宗生前就是以反对新法自居，并和当时的太皇太后曹氏一起向神宗施压，希望他放弃新法，维护赵宋王朝的统治。此时大权在握，皇帝幼小，废不废除新法只是她的一句话的问题了。她反对变法派，她讨厌那些以变法自居、祸乱天下的变法人士。因此，她垂帘听政后，就急忙下诏请司马光回朝担任要职，以稳定朝廷局势，填补政治真空。

当然，她也不是没有顾忌，神宗作为她心爱的儿子，毕生事业献给了变法，希望变法图强的美好愿望没有实现。作为母亲，她虽然反对变法，但她希望神宗能取得成功，这样至少会打消她的疑虑和担忧。然而，事与愿违，年轻的皇帝走在了自己的前头。如果在神宗死后不久，就宣布废除新法，也许会招致非议，高氏的这种担忧不无道理。在感情上，她也是纠结的。不过，司马光回朝给了她坚定废除新法的勇气和理由，于是新法在高氏垂帘听政的时候被大部分废除了。高氏做到了许多反对派梦寐以求都想做的事情，这是权力的任性。王安石和神宗的变法到这里宣告失败了，历史上把这次破除新法，重新人事安排的历史事件称为"元祐更化"。因此，神宗死后没多久，皇太子赵煦继位，是为哲宗，改元元祐，高氏垂帘听政。

然而，等到哲宗亲政时，哲宗一改太皇太后高氏的政策，恢复新法。重新重用变法派章惇、曾布等人，贬谪司马光、苏轼、苏辙等人，打击元祐党人，继续推行变法，恢复了王安石变法中的保甲法、免役法、青苗法等，史称"绍圣绍述"。哲宗之所以会改变高氏确立的国策，实际和高氏对他的压制有着很大的关系。少年老成的哲宗在高氏垂帘听政的时候，作为皇帝没有得到应有的尊重，反而受到压制，没有发言权。尤其是元祐党人没有把他放在眼里，同时他的生母朱氏没有得到应有的尊重。这些都是哲宗亲政后，改变高氏定下国策的重要原因。同时，哲宗非常反感司马光提出的"以母改子"破坏变法的理论，为了维护自己的父亲神宗，他也决定恢复神宗时期的变法。即便如此，哲宗重新恢复新法，也只是回光返照而已，新法在神宗去世后，就宣告了它的失败。

二、王安石之死

王安石罢归金陵后，寄情山水，寻佛问道，流连忘返。远离了朝廷之上的纷争，过着他一直想要的生活，对于变法的事情不再像以前那么关心和热心了。每天的生活就是读书作诗，会客出游，这是他一生中难得的惬意时光。但实际上，在王安石的内心深处，他还是放不下变法之事、朝廷大局、熙宁功业。同时，他也渴望回归田园，超然脱俗。这种矛盾在避世和入世之间，给他带来了无限的精神苦闷。这种苦闷无解，如元丰五年（1082），他写的那首《六年》的诗："六年湖海老侵寻，千里归来一寸心。西望国门搔短发，九天宫阙五云深。"这首诗说明王安石还是对朝局多有关心。

王安石罢相后，神宗皇帝给他的待遇依然优厚，先是被封为舒国公，后被封为荆国公。生活上对他也很是照顾，并时常询问和关心他的生活。元丰三年（1080），王安石改定了《诗》《书》《周礼》误字，进献给神宗，神宗非常重视，派人送到国子监修正。

第六章　新法落幕

元丰七年（1084）春天，王安石得了一场大病，两日不能说话，神志恍惚。神宗得知后，派来宫中太医往金陵探视王安石的疾病。经过御医的多方诊治，王安石才得以痊愈。痊愈后，王安石写《谢宣医札子》，表达了对神宗的感谢。病好后，王安石有所顿悟，把一些身外之物如半山园、上元县的田地捐赠给了寺庙。这年秋天，他在秦淮河边租了独院居住，不再自造府邸。

在金陵寓居的王安石也时常挂念神宗，这个对他有知遇之恩的皇帝。他们之间的千古知遇之情，在王安石心中极具有分量。没有神宗的大力支持，就不会有王安石变法，历史也许就是另一个模样。但是，不好的消息还是传来了，在开封的神宗身体状况越来越差了，龙体欠安，天下骚然，何况是与其关系深厚的王安石呢。当王安石听到这个消息后，心里很难过，久久不能平静。元丰八年（1085），神宗病重的消息再次传来，远在金陵的王安石心情很不好。他希望神宗早日康复，继续推行变法，实现他远大的理想抱负。想到往昔和神宗交往的点滴，王安石越发痛苦。为此，他经常借酒消愁，把自己灌醉，希望忘掉神宗病重的事，希望神宗很快病愈。但是酒醒之后，一切又回到了现实。日复一日，就连酒官都很担心王安石，经常对来打酒的人说，荆公现在情况怎么样了？来人深深叹了口气："王相公每天都在庭院读书，常常以手抚床而哀叹,谁也不知道他在想什么。"当然,外人岂能知道王安石所想呢?他想的当然是神宗的安危,新法的命运。这里有他的知遇之恩,有他的宏图伟业,更有时不我待的无奈。

王安石对神宗病重的忧虑,也加剧了他的身体病患。身心病痛相加在一起,王安石的生命随时都有可能走到尽头。对此,王安石也是有所认识和预感的。在他病刚好没多久,他写的一首诗体现了生死之间瞬息变化的关系,"老年少忻豫,况复病在床。汲水置新花,取慰此流芳。流芳只须臾,我亦岂久长。新花与故吾,已矣两可忘"。这首诗的意思是说:人到了老年就缺少欢乐,况且再次生病卧床不起。汲取了水来栽花,想通过鲜花的芳香来取悦和安慰自己。然而,花的芳香很短暂,我怎么可能活得长久?新花和以前的自己,都可以遗忘。

王安石用新花的短暂感慨自己生命的不长久,也很快会随花儿一样稍纵即逝。这说明晚年病后的王安石心境的悲凉、惆怅和感伤。

王安石希望神宗尽快好起来,继续推行变法,他不希望再次听到更加不幸的消息。然而,不幸的消息很快就传来了。元丰八年(1085)三月,神宗皇帝在开封驾崩的噩耗传到王安石那里。听闻噩耗,他百感交集,老泪纵横。他感慨于神宗的英年早逝,大业未成,更担心新法会随着神宗的离去,而遭到废除的命运。

第六章　新法落幕

果然，神宗驾崩没有多久，在哲宗即位的元祐元年（1086），垂帘听政的太皇太后高氏在司马光等反对派的支持下，废除了王安石和神宗推行的部分新法。这一消息对王安石打击很大，他每天睡不着觉，吃不下饭。尤其是当听到免役法也要被废除后，更是难过，口中却说："免役法也要废除吗？此法是我和先帝一起研究商议两年才颁行的，实在不应该废除的！"经过此次打击，王安石大病不起，日渐消瘦，最终于元祐元年（1086）四月，这颗伟大的心脏停止了跳动，终年68岁。

王安石逝世的消息传到了开封，是在一个傍晚。昔日的好友、现在的政治对手司马光正在家里的院子观赏白芍药花。当听闻这个噩耗后，司马光沉默不语，泪流满面。他让儿子代写了一封信给吕公著，对王安石进行了盖棺论定，表达与变法派和解的意愿："介甫（王安石的字号）这个人，文章、节义过人之处有很多，只是性子固执，喜欢和大家较真，以至于忠诚正直的人都疏远了他，围在他身边的人都是一些阿谀奉承之辈，所以最终导致国家制度遭到破坏，以至于有今天国家的困局。现在我们要矫正他的过错，革除他实行的弊政。现在介甫不幸去世了，那些反复无常的小人必然会乘机百般诋毁他。因此，我认为，朝廷一定要对介甫有特别的礼遇，以此来矫正浮夸薄情的风气。如果您觉得我说得有道理,麻烦您转告给太皇太后和皇帝。"

吕公著看到司马光的信后,读罢,也是沉默不语,老泪不止。在司马光和吕公著的支持下,太皇太后高氏给予王安石很高的礼遇。朝廷罢朝两天以示对王安石的哀悼,并赠王安石一品太傅官阶;7名王安石的后人被赐予入官的资格,并下令江宁府配合办理王安石的丧事。王安石的弟弟王安礼一直在江宁府知府任上,目的是为更好地照顾哥哥。也就是这年四月,朝廷任命王安礼为青州知州,王安礼请求继续留任江宁,为了筹办哥哥的丧事,得到了朝廷的恩准。这也是朝廷对王安石死后的一项恩典吧。朝廷还命中书舍人苏轼写了《王安石赠太傅》的《制词》,对王安石给予高度的评价,肯定王安石的才华、文学成就、道德文章,刻意回避了熙宁新法的争论。这是现实政治的需要,也是苏轼作为一个君子对王安石的尊重。用苏轼在文中的话说,王安石"名高一时,学贯千载。智足以行其言。瑰玮之文,足以藻饰万物;卓绝之行,足以风动四方"。

王安石生病及去世后,只有他的弟弟王安礼、王安上侍奉左右,其余的朋友和门生故吏担心受到牵连,都不曾来吊唁,极力撇开与王安石的关系。世态炎凉可见一斑,而这背后其实是现实政治的气候和压力的真实反映。司马光所谓的和解之路并不是那么美

第六章 新法落幕

好。其后新法悉数被废除，变法派多数被贬谪就是很好的证明。

不过，王安石去世的消息传到开封太学后，有不少太学生打算设灵堂，公开祭祀王安石，表达哀悼之意。但是一个叫黄隐的人却到太学来捣乱，把太学生中的领头人逮捕了。黄隐的做法激起了太学生们的不满，因为黄隐无权干涉祭拜王安石这件事，太皇太后和皇帝都要罢朝致哀，小官黄隐有什么理由和权力干涉呢？况且他们都是以王安石的《三经新义》为课本，是王安石的学生，学生祭拜先生，就是天经地义之事，谁都无权干涉。黄隐只是一个国子司业，绿豆小官，为何会如此猖狂？黄隐的行为也遭到士大夫的诟病，认为黄隐就是一个小人，在王安石去世、变法失势的时候，故意打击王安石。大多谏官都是站在太学生一边，反对黄隐的做法。王安石在死后能得到太学生的拥护和爱戴，也是一种宽慰和幸运。

神宗和王安石的先后辞世，对于千古相知的君臣来说，是巧合，也是命中注定。这标志着一个时代的结束，标志着熙丰变法的最终失败。王安石的逝世也开启了千古以来人们对他的褒贬不一的评价，但不管怎样，王安石还是中国伟大的思想家、改革家、文学家、政治家，他道德高尚，文章节义在当时乃至后世都是值得学习和效仿的。历史上争议的存在，也正说明王安石变法的价值所在，意义所在。

千百年来，对王安石及其变法，诋毁者有之，称誉者有之。针对历史上对王安石的诋毁，清人蔡上翔说："世人积毁荆公，几同于詈骂，不啻千万人矣。而六七百年来为之表扬盛美，亦未尝无人。孔子曰：'惟仁者能好人能恶人。'"并充分肯定了王安石变法，认为"安石以文章节行高一世，而尤以道德经济为己任"，是古代大有作为的大臣，他推行新法的目的是使百姓富裕。

梁启超在《王安石传》中对王安石进行了高度评价，认为他的学术"内在方面知命厉节，外在方面经世致用，凡其所以立身行己与夫施于有政者，皆其学也"。认为王安石新学包举儒家内圣外王之道，接续孔孟，思想规模阔大宏伟。清人蔡上翔和近人梁启超对王安石的评价也许有很多是溢美之词，但是这代表一种对王安石高度肯定的趋向，是我们充分认识王安石及其变法的一个重要方面。

三、废除新法

元丰八年（1085）三月五日，神宗驾崩。此时，司马光还远在洛阳，为西京提举崇福宫。当听闻神宗驾崩的消息后，他十分悲痛，于三月十七日，离开洛阳赶往开封，奔神宗之丧。经过舟车劳顿，二十二日黄昏，司马光到达开封。司马光回到开封受到士人、百姓的热烈欢迎。人们跂足翘首，围聚遮道，以致司马光所骑之马没有办法通行。开封百姓数千人齐呼，司马相公不要回洛阳，留下担任天子的宰相，使百姓都有活路。司马光得人心，可谓是"千载一人而已"。

但司马光急着跑回洛阳，应该是有着他的顾虑的。他顾虑被人说闲话，因为现在的舆论都是希望他能出任宰相，挽救百姓。如果他留下来不走，就会被别有用心的人说他回开封是奔着宰相之位而来，而不只是奔丧那么简单。因此，司马光非走不可，而不是他对太皇太后高氏的不了解。实际上，此前，在某种程度上，他们是盟友，都是反对推行新法的。高氏曾经和太皇太后曹氏向神宗哭诉新法是变乱天下，这点群臣共知。此外，司马光作为谏官的时候，对英宗与高氏和曹太后的紧张关系进行了疏解。终曹氏在世，高氏和曹氏的关系融洽，曹氏与神宗的祖孙关系很好。对此，司马光发挥了重要作用。可以说，太皇太后高氏是感激司马光的，也是欠着他一份人情，在心底里信任司马光那就更不用说了。

太皇太后高氏当政，她的政治倾向、国策动向很清楚，就是要推翻新法，但是碍于传统社会的孝道观念，她不敢贸然行动。于是，她急着把在洛阳的司马光召回。这次司马光欣然接受高氏的邀请，回到了开封，被任命为宰相。司马光到开封后，太皇太后高氏召见了司马光,问他现在施政的优先方向是什么,司马光说:下诏书诏令全国,广开言路。所谓广开言路,就是要鼓励臣民批评新法,表达对新法的不满,为他们废除新法制造舆论的基础。但是,变法派的蔡确知道司马光一旦被重用,必然会威胁到他的宰相之位,更会对变法进行打击。因此,他在广开言路的诏书上做了点手脚,加上一些威胁上疏言事人的话。希望他们不要乱讲话。高氏把诏书拿给司马光看,司马光对这点提出疑虑,最后蔡确的用意被删除。诏书颁发全国,民众纷纷上书谈新法的弊端,据说,上书者多达数千人。

1086年,哲宗改元元祐。二月,变法派蔡确被罢相,司马光担任宰相。由此,推翻和废除新法的"元祐更化"开始了。

首先在人事任用上,司马光感于朝廷之上变法派势力强大,把持宰执,要废除新法,就需要把变法派赶出朝廷。元丰八年(1085)五月,司马光被任命为门下侍郎,不久,好友吕公著被任命为尚书左丞,但8名宰执中,变法派占据6名,力量相差悬殊。为了改变这种状况,在太皇太后高氏的支持下,刘挚、赵彦若、傅尧俞、范纯仁、唐淑问、范祖禹6人被推荐为台谏、侍讲、侍读等官职,文彦博、冯京、韩维、王岩叟、吕大防、孙觉等人受到重用。他们成为了"元祐更化"的中坚力量。元祐元年(1086),太皇太后高氏下定了决心，罢免蔡确、章惇，任命司马光为首相、吕大防为右丞、范纯仁为同知枢密院事。四月，又罢免韩缜，任命吕公著为次相、文彦博为平章政事、韩维为门下侍郎。从而彻底改组了宰执，变法派和旧党的力量对比发生了根本性改变，为废除新法打下组织基础。

熙丰时期推行保甲法，目的是为强兵强军，达到以保甲代替禁军的目的。但在实行过程中，却加重了人民的徭役、兵役负担，又废监牧，令百姓养保马、户马，将沉重的军备负担转嫁给人民。一年四季，无论春夏秋冬，农忙农闲，规定保丁每五日集中训练一次，严重增加了农民的负担。针对这些问题，元丰八年（1085）四月，司马光上《乞罢保甲状》，请求废除保甲法。司马光的理由是：一是保甲法规定每家两丁抽一，但一丁受训，需要一丁供应饮食。虽然规定五天受训一次，但保丁如不贿赂保正长就不能回家。因此，团教严重地妨碍了府界、三路的农业生产。二是保甲司官员等勒索贿赂，中下之家倾其所有也难填欲壑，只有流亡四方。三是朝廷不时派遣特使检查保甲，所至犒赏，动以万计，耗费了国家大量的资财。四是农民半为保甲，以之维护地方治安，多以之征伐四方，与征战为长的"戎狄之民"作战，无异于"驱群羊而战豺狼"，既迫使百姓无辜送死，也贻误了国家的大事。五是保甲法推行后，以保甲取代了巡检兵和县弓手（乡弓手），巡检同时兼管检查督促保甲训练，因而无暇顾及本职工作，维持乡村治安。因此，司马光认为保甲法是"夺其衣食，使无以为生，是驱民为盗也，使比屋习战，劝以官赏，是教民为盗也。又撤去捕盗之人，是纵民为盗也"，对人民是有害的。有鉴于此，他坚决主张彻底废除保甲法。

但是，太皇太后高氏并未完全采纳司马光的建议，而是采取了一种看似更为稳妥的方式。仅下令府界、三路保甲的训练由每5日一次改为每月集中训练二三日，又允许矮小、病弱的保丁及土地不及20亩的第五等以下人户、单丁户家中的保丁回乡务农。司马光对此持不同的意见，他认为这样做是极不彻底的。于是，又呈上《乞罢保甲札子》，坚持自己的主张。此时，韩维、吕公著、范纯仁则主张仍保留保甲，改每月训练二三日为冬季农闲之时轮训一月，不妨农时即可。司马光认为保甲既然无益于国，有害于民，就应当彻底废除，不必再进行训练。但是，由于枢密院此时尚控制在新党手中，他们抢先一步，颁布了保甲于农闲教习的诏令，故司马光的意见被搁置一旁。不过，到年底前后，提举官、监教官已全部罢免，讲练器械也令上缴，严禁私藏，保马法也废除了，现存保马，或退还监牧，或配给诸军。元祐元年（1086），司马光又论冬教，对于这种无异于"兄臂而渝以徐，日攘鸡而易以月"的做法，是不能容忍的。但是，他的意见仍然未被接受。直至元祐五年（1090）八月，事情才出现转机。由于苏辙、王岩叟等人的一再陈请，朝廷才免去京畿地区的冬教。三路与辽、夏接壤推行保甲前就有义勇组织，有冬训一月的传统，故而没有废除。因此，可以说，保甲法至此才被废除尽净，司马光的遗愿此时才得以实现。

鉴于免役法的弊端，司马光曾提出了废除免役法的主张和建议。元丰八年（1085）四月，在他离开洛阳到开封之前，写了《乞罢免役钱状》，呼吁废除免役法。理由有五：第一，他认为推行免役法会加剧原来不需要应役群体的负担，而使富户的徭役负担减轻。造成富者越富，贫者越贫，导致赋役不均。第二，官府为完成任务，图谋升迁，就会多派役钱。第三，免役法是以钱应役，农民为了交纳免役钱，需要把农产品拿到市场出售，获得现钱后，才能交纳役钱。但是这样一来，就会出现受市场波动的影响，谷贱伤农，加剧人民的负担。第四，所招募的人都是没有户籍的人，这些人没有房产、田产和宗族之累，一旦遇到事情，就会逃跑，官府也对此没有办法。鉴于免役法的这些弊端，司马光建议废除免役法，代之推行差役法。

司马光关于废除免役法的建议，引起了变法派章惇的坚决反对。然而，耐人寻味的是，反对派也有不少人不赞成司马光废除免役法的意见，如苏轼就是不赞成的，其他如范纯仁、苏辙、孙升等，也几乎是不怎么赞成。

但司马光仍不甘心，不久，他又上《请更张新法札子》。在他看来，免役法等新法好比毒药，希望哲宗和太皇太后高氏下定决心废除免役法等新法。这样，在他的坚持之下，朝廷终于颁布关于更改役法的诏令，役法改革势在必行了。元祐元年（1086），司马光再次坚持废除免役法，主张恢复差役法，并说服宰执们同意他的意见。司马光担心，如果不改变役法，恐怕会给朝廷的安稳带来隐患。为此，他再上《乞罢免役钱依旧差役札子》，力陈免役法的危害。尽管如此，废除免役法还是没有那么顺利。朝廷经过衡量，也只是对免役法作了一些调整，没有根本性地改变免役法，朝臣之间争论比较大，没有达成一致。直到司马光去世，也没有看到免役法的彻底废除。元祐七年（1092），关于役法的最终完备法令才出台。

青苗法的问题一直是反对派和变法派争论的焦点，也是反对派攻击变法派的重点。因为青苗法在施行过程中存在不少弊端，因此，司马光坚决主张废除青苗法，恢复常平法。元丰八年（1085）八月，纠正青苗法的举措出台，提举散青苗钱，不许抑配，也不立定额。元祐元年（1086）闰二月底，太皇太后高氏接受了司马光的建议，撤销提举常平司。

但是有趣的是，司马光主张废除青苗法，却遭到了旧党即反对派的反对。且反对者基本上都是他推荐担任的要职，其目的也是排挤变法派势力。这是司马光始料未及的。当朝廷下诏恢复常平旧法时，就遭到了范纯仁为首的一批官员的反对。他们以国家财政困难为由，主张推行青苗法。在他们的坚持下，太皇太后高氏也同意将常平钱谷按青苗法发放，恢复了熙宁时期的常平政策。不过司马光的请求被太皇太后高氏批准了，中书舍人苏轼却坚决抵制不肯起草诏书，其他大臣也要求推行青苗法。这样司马光非常生气，跑到宫中质问太皇太后高氏，高氏无言以对。

最终，还是在司马光的坚持下，青苗法于同年八月六日被废除。

将兵法也是熙丰变法的一项重要内容，司马光也主张废除此法。其理由是将兵法不仅没有起到增强军队战斗力的作用，还加剧了将官和地方官员的矛盾。此外，市易法在太皇太后高氏垂帘听政时就开始改变了，司马光也是反对此法并要求废除。理由是市易法使官府垄断市场，造成了商人和市民的破产。在对外政策上，司马光主张和西夏议和，改变熙丰以来与西夏的战争和开拓疆土的政策。为此，他上一道《论西夏札子》，提出把熙丰以来拓边的成果米脂、浮图、安疆等处军事要寨归还给西夏。主张做好朝廷内的事情，不要对外轻起衅端。

司马光废除新法的主张基本都实现了，熙丰以来的新法遭到了很大的破坏，新党变法派遭到贬谪，熙丰年间轰轰烈烈的变法运动到此也基本画上了句号。

随着太皇太后高氏的驾崩，哲宗开始亲政。少年老成的哲宗，早就对高氏垂帘听政不满，对元祐党人的所作所为不满，亲政后，北宋王朝又开始回到熙丰时代，旧党反对派或者说元祐党人遭到了无情的抛弃和放逐。

于是历史开始向另一个方向发展。

四、落日余晖

王安石和神宗的熙丰变法，目的是富国强兵，恢复汉唐故地。虽然说这个战略没有实现，但是通过变法，朝廷还是积累了不少财富。尤其是经过熙河之役，使宋代领土面积达到了宋朝历史上的最高点。

熙丰新法在一定程度上增加了朝廷的财政，缓解了财政危机，虽没有从根本上改变宋代的财政困局，但是存在不少的问题。如对人民的盘剥上，某些变法措施确实加剧了人民的负担，

第六章　新法落幕

造成了国家与人民的矛盾，使社会上产生了一些不稳定因素，导致阶级矛盾尖锐。

熙丰新法并没有从根本上改变宋代自立国以来的积贫积弱的困境。因为熙丰新法在本质上也只是对北宋问题的局部调整，并没有对北宋存在的根本问题进行改革，只是适度调整，并非大改大革。

其后，神宗之子哲宗继位，太皇太后高氏垂帘听政，悉数废除新法。新法因遭遇致命打击，暂时告一段落。等哲宗亲政后，又改变高氏的做法。哲宗继续推行父亲神宗的变法和拓疆政策，尤其在对西夏战争上取得了较大的胜利。但是大大消耗了熙丰新法积累下的财富，看似风光的哲宗一朝，实际危机四伏。

随着哲宗离世，徽宗继位，徽宗的横征暴敛，巧取豪夺，挥霍无度，导致阶级矛盾异常尖锐。穷兵黩武，更加剧了国家危机。此时的大宋王朝已处于落日余晖气数暗淡之际。

大宋处于风雨飘摇中，神宗皇帝恢复汉唐雄风的梦想从此成为幻影。北宋根本没有翻盘的机会。看似太平，实则危机四伏，随时都可能覆灭。远在关外、漠北，女真人和蒙古人在开始壮大。昔日的死对头契丹似乎也处于风雨飘摇中，这似乎让宋人看到希望。其实，希望的背后是毁灭。

一场暴风雨最终还是来了。

尾 声

"千秋功罪,谁人曾与评说"

历史上曾经一直存在一种观点,认为王安石变法是导致北宋王朝覆灭的根源。这是对王安石变法的最坏评价。王安石变法本来是要挽救北宋王朝深刻的社会危机和统治危机,要改变以往宋朝对外战争的屈辱。因此把北宋灭亡的罪名强加给王安石及其变法,是不符合历史事实的。实际上北宋王朝的覆灭有其必然性和偶然性,没有王安石和神宗的熙丰新法,北宋也必然灭亡,也许灭亡得更快。对于王安石和神宗的评价,必然存在分歧,众说纷纭。我们尽量呈现一个真实的王安石和神宗变法,对于他们及新

尾　声　"千秋功罪，谁人曾与评说"

法的评价留给读者，留给后来人。

北宋覆灭是必然的。任何一个古代政权都有着它的成长周期，或长或短，纵观中国古代王朝，寿命基本不超过300年。一个新的王朝建立一般都是初期强盛，中期衰落，后期崩溃瓦解。北宋王朝也逃脱不了这样的命运。因此，从这个角度来说，宋朝灭亡是必然的。

北宋的开国格局和规模，实际决定了王朝命脉的长短。也就是说宋朝立国的制度、经济基础、文化形态等决定了国祚长短。宋代是建立在消灭藩镇割据的基础之上，统一的规模较小，开国的格局不大。在平定了南北割据势力、收复幽云十六州失败后，北宋王朝开始走向内敛，采取了守内虚外、重文轻武的国策。对内加强对人民的控制，对外采取守势，大力发展科举制度，选拔王朝需要的人才，在社会上营造了重文轻武的风气。为了防止唐末藩镇割据悲剧的重演，北宋王朝采取削弱武将的军权、防范武将的策略。实行将兵法，造成将不知兵、兵不知将的局面，军队战斗力低下，导致在对辽、西夏的战争中常常处于弱势。武功不振，制度不健全，为北宋的覆灭埋下了祸根。

长期以来的重文轻武，使北宋王朝更加具有内敛性，文化转向内向，缺乏进取精神。因此，整体上，宋人多数文弱，缺少开拓进取的精神，缺少边疆建功立业的雄心壮志。王安石变法给宋王朝文弱之风以很大的打击。作为文人士大夫和长在深宫的君主，王安石和神宗君臣的理想和抱负，在整个宋代都是豪情万丈，气吞如虎。吞灭辽夏交趾，尽复汉唐故地，这是何等雄心万丈。这是北宋开国皇帝太祖赵匡胤、宋太宗赵光义想都不敢想的豪情，其他宋代君王就更不用说了。真宗勉强御驾亲征，仁宗被西夏搞得焦头烂额；皇帝如此，臣民更是如此。而事实上，王安石和神宗变法时期，对北宋的军事制度进行一定的改革，并且改变以往对外战争的策略，主动出击，开熙河之役，使得北宋的版图在此时达到了顶点。写到这里，也许有人说，就是因为王安石和神宗的熙丰新法，导致了北宋王朝的穷兵黩武，致使后面的君主效仿，开疆拓土。这个理由看似有道理，实际上有着很大的迷惑性。对西夏战争不是从王安石和神宗熙丰变法时才开始的，而是几乎贯穿了北宋始终。如何对待西夏问题，是北宋自太宗以来最为棘手的边疆和国家统一的症结。西夏原本属于北宋的一部分，在宋太宗时期就开始反叛，至宋仁宗时期建国开元。为此，北宋与西夏进行了旷日持久的战争，很多时候这场战争是由西夏主动挑起的。站在北宋王朝的角度来看，与西夏战争，是统一战争，维护领土主权，西夏挑起战争是割据行为，当然是不被

尾　声　"千秋功罪，谁人曾与评说"

允许的。而站在西夏的角度来说，他们挑起战争是为了建国，与北宋平起平坐。当然，这种行为北宋王朝是无法接受的，战争是必然的。因此，西夏与北宋王朝的矛盾不可调和。当然，也有人会说，王安石变法加剧了北宋党争，使北宋走向灭亡。而事实上北宋的党争问题由来已久，实际上是早在庆历新政的时候就有了党争的问题。王安石、宋神宗熙丰新法客观上也引起了新旧党之争，但只是政见的不同之争，对政治局势的影响不大。但是宋徽宗时期的党争就不一样了，完全是争权夺利，加剧了政治局势的不稳定，成为北宋灭亡的重要原因。因此，不能说王安石、神宗变法引起了党争，加剧了北宋灭亡。

也有人指出，北宋的灭亡是由于王安石变法没有持续推进。鲁迅先生就是持这种观点，他认为"北宋是唱着老调子亡国，宋朝的读书人讲道学，讲理学，尊孔制，千篇一律。虽然有几个革新的人们，如王安石等人行过新法，但不得大家的赞同，失败了。从此，大家又唱老调子，一直到宋朝的灭亡"。

战略屏障丢失，先天不足。北宋立国形势是非常严峻的，强大的辽朝早已建国，并耸立在北方，成为神一般的存在。趁中原未统一之际，时常南下干涉中原内部事务，并曾短暂占据中原地区。最终在干涉中原事务中，获得了幽云十六州，完成了对中原政权的战略压制。北宋立国后，幽云十六州牢牢控制在辽的手中，成为北宋王朝的一块心病。因此，宋太祖赵匡胤在着手统一南北割据政权时，曾提出了等到统一，通过赎买的方式收回幽云十六州。宋太宗在完成对南北的统一后，开始收复幽云十六州的战争，最终却以失败告终。收复幽云十六州的壮举也最终以辽宋澶渊之盟暂告一段落。但是北宋的幽云十六州的情结没有停止过。王安石变法，收复幽云地区只是其伟大战略的一小部分，吞灭契丹，完成大一统才是最终目标。至北宋末期，辽金战争兴起，辽朝迅速溃败，让北宋王朝看到收复幽云十六州的希望，于是与金人定下了海上之盟。最终轻起战事，导致北宋的灭亡。因此，可以说，北宋王朝的幽云情结，也是其灭亡的原因之一。

幽云地区的丧失，使北宋丢失了防御北部少数民族的天然屏障，增加了北宋防控北方少数民族南下的成本。契丹骑兵，女真骑兵，很容易突破北宋的防线进入到中原地区，威胁北宋王朝的安稳。因此，从这个角度来说，北宋灭亡也是在情理之中。

北方草原民族混合农牧经济形态，政治体制兼及汉制，实力空前强大。人们常常会问，宋朝怎么就那么弱不禁风、不禁打呢？当然跟宋朝开国立下的政治、军事、文化制度有关，但实际也和这个时期游牧民族的空前强大有关。此时的游牧民族兼有农

尾 声 "千秋功罪，谁人曾与评说"

牧经济，并且推行汉法，建章立制，建国开元，使原本一盘散沙的游牧民族整合成势力强大的统一力量。因此，宋朝难以对付也是情理之中了。所以，当老弱病残的北宋遇到新生强大的女真力量时，自然会溃败和崩盘。

而王安石变法为的就是要富国强兵，从而达到反制游牧民族政权的目的。其中实行的保甲法、户马法、将兵法，都是针对北宋王朝存在的短板进行的一种修补和调整。

当然，除了上述因素外，北宋灭亡的原因还有很多。诸如北宋末期的腐败，也是造成北宋灭亡的主要原因之一。但不管怎么说，北宋的灭亡是多个原因综合作用的结果，充满了必然性和偶然性。而把北宋的灭亡归结于王安石、神宗变法，则没有必要。如果非要这样认为，其实也可以说是因为王安石变法没有继续推行，所以导致北宋覆灭。

在中国历史上，王安石可能是被黑得最惨的一个，为北宋灭亡背了历史的黑锅。这种对王安石的污名化，从北宋时期就开始，历经南宋，一直持续到今天。而南宋是王安石被黑的重要阶段，因为南宋人士在寻找北宋灭亡原因的时候，就会想到王安石变法。因此，黑王安石自然成为一种政治运动，王安石也在这个时候被踢出了孔庙。南宋对王安石的评价，直接影响到后世对王安石的评价。

熙宁变法以前，宋神宗准备重用王安石，征询大臣意见时，很多大臣对王安石评价不高。认为他是奸邪，气量小，迂腐，不足担负大任。有一个叫金相的人，对王安石评价很低，认为王安石是诡辩之人，虽然现在名噪一时，他日可能成为巨蠹。鲜于侁认为王安石沽名钓誉，必坏乱天下。至熙宁变法时，王安石则被旧党反对派视为春秋时的少正卯、唐代的卢杞那样的奸人。

南北宋之际，在金人围困开封时，北宋危在旦夕，右谏议大夫兼国子祭酒杨时，首次把王安石与蔡京并列为祸国殃民的奸臣，并建议剥夺王安石的爵位。宋室南渡后，朝野上下都一致批评王安石及其变法，认为北宋的灭亡始于王安石变法。如南宋大臣赵鼎认为王安石变法破坏了祖宗之法，使百姓痛苦不堪。到了崇宁时期，蔡京假借绍述之名，推行了王安石变法，才导致今天的祸害，北宋覆灭。宋高宗赵构认为王安石的罪行在于其推行新法，靖康之祸由于王安石变法，天下生乱由于王安石。右司谏韩璜则认为宋室南渡实际上肇始于王安石变法。范冲认为王安石刚愎自用，改变了祖宗法度，误导了神宗皇帝，天下的祸乱，实际上始于王安石。在南宋君臣对王安石的抹黑后，建炎三年（1129）王安石被移出了神宗庙庭，绍兴四年（1134）追夺了

尾声 "千秋功罪，谁人曾与评说"

王安石的爵位。南宋大臣魏了翁认为王安石是祸国殃民的奸臣典型，并将其与章惇、蔡京、秦桧、韩侂胄相提并论。

在元代杂剧中，王安石的形象也多是负面的。如吴昌龄的《花间四友东坡梦》中，认为王安石在当政时以权乱政，认为青苗法使万民不胜其苦。费唐臣的《苏子瞻风雪贬黄州》也是持类似观点。而无名氏的《苏子瞻写赤壁赋》、陆显之的《宋上皇碎冰凌》中，把王安石描写为奸臣，嫉贤妒能、心胸狭窄，祸国殃民、为害百姓。

明代杨慎是黑王安石的代表性人物之一。杨慎是明朝正德年间的进士。他在《丹铅录》中评价王安石是古今第一小人。说神宗昏聩，是集周赧王、胡亥、汉桓帝、汉灵帝于一身的人。说王安石奸邪，是集王莽、曹操、司马懿、桓温于一体的奸人。还把王安石与商鞅联系起来，认为秦朝的灭亡始于商鞅，宋朝的灭亡始于王安石，是因为王安石变法导致了宋朝的南迁。因此，王安石比历代奸邪还要恶劣，危害性更大。完全否定了王安石，在抹黑王安石的历史上贡献了一笔。

明末清初的王夫之对王安石的抹黑更是有过之而无不及，具有全面和系统性特点。王夫之认为，王安石作为小人的代表，那是绝对不容怀疑的。认为王安石自以为是，凡是小人有的问题，王安石都有。完全否定了王安石的道德文章。认为王安石变法就是苛政，甚至是比苛刻还有过之而无不及，实际上是国家败亡的政策。王安石对北宋的灭亡负有不可推卸的责任。

近代以来对王安石的评价持否定态度的，首推钱穆。钱穆对王安石的变法持批评态度，尤其是对其在财政方面的政策持否定态度，认为青苗、免役诸法是帮助国家敛财。"宋朝那时已嫌官冗，安石推行新法，又增出许多冗官闲禄。"钱穆认为王安石变法，"在于只知认定一个目标，而没有注意到实际政治上连带的几许重要事件"。"安石的最大弊病，还在仅看重死的法制，而忽视了活的人事。"

当代学界，对王安石变法持否定态度的也有不少人。主要是认为王安石变法存在很多不合理的地方，同时也没有达到既定的战略目标。

在中国历史上，似乎改革者都没有好下场，王安石和神宗推行变法亦然。对于神宗皇帝，诟病的人相对少点。而王安石一千年来饱受文人士大夫和民间人士的诟病、诋毁、谩骂、否定。曾经有一个哲学家说过，否定意味着价值。历史上那么多对王安石变法的否定看法，从一个层面说明了王安石变法在中国历史上占据重要的位置，成为经久不衰的话题。

尾 声 "千秋功罪,谁人曾与评说"

历史不能假设,这是尊重历史的基本态度。假设就是说明了另一种可能,就是我们希望如此,读者们希望如此。当然,历史也没有如果。有如果就不是历史,至少不是真实的历史。

如果历史可以假设,历史有如果的话,那么王安石就不会被黑得那么惨。这个前提是,王安石变法取得了巨大的成功,即使北宋因金人兴起而亡,那么宋人及其他后人也不会把宋朝灭亡的责任推给王安石。王安石的形象也许会变得更加高大,也许会成为儒家知识分子中继孔孟之后的伟人,荆公新学必然成为宋代最为重要的学问和学派,也必然会被后世所遵从。那么,也就不会有后来朱熹什么事了。如果王安石变法成功了,宋朝也许不会灭亡,而是变得更加强大。

然而,事实就是事实,历史就是历史。王安石变法失败是必然的,其实失败的根本原因在于,脱离了当时社会经济发展的实际,超越传统社会阶段性发展特征。因为失败,所以注定成为争议。因为失败,所以注定饱受诟病。这是王安石变法的宿命,也是历史发展的必然。自古以来,何尝不是以成败论英雄呢。相对于商鞅、吴起,王安石的遭遇还算比较好了,至少没有身灭,虽然千百年遭到非议。可以说,王安石是把个人荣辱和生死置之度外的。当时,王安石的弟弟王安礼、王安上都十分担心因为参与王安石变法从而招致灭族的危险，因为这样的历史教训是有的。王安石肯定也是知道和考虑过这个问题，但是为了变法成功，他奋不顾身了。由此可见，王安石形象的高大。王安石变法的境界我们不懂，我们更达不到他那么高远的境界。

也许我们从情感上、道德上，不希望王安石和神宗的熙丰新法被废止，不希望因此变法失败。

也许我们站在宋代历史发展的长河中，会希望王安石和神宗实现理想的目标。

也许我们会从国家统一的角度出发，希望王安石和神宗实现吞灭辽夏，再造大一统的中国，结束辽、宋、西夏三足鼎立的局势。

但是，历史滚滚向前发展，我们不能假设，我们没有如果……

后　记

王安石是家乡先贤，在赣鄱大地，他的故事流传甚广，经久不衰。今年是王安石诞辰 1000 周年，谨以此书，纪念家乡贤哲，纪念那场影响深远的变法。

对于王安石、神宗及其变法，笔者很早就知道和了解。学界研究也已很多、很深。但我从来没有想过要写一本关于王安石、神宗变法的通俗读物。这本小书的诞生和耿元骊老师的邀约以及辽宁人民出版社蔡伟老师的大力支持密不可分。所以在这里，要十分感谢耿老师和蔡老师的信任和帮助。

说实在话，写一本关于王安石和神宗变法的通俗读物，是一项艰难的工作。主要在于：一是这方面的研究很多，大家云集，很难突破。二是写通俗读物本身就很难，语言风格和学术论文有着很大的差别，这对于我来说是一个很大的挑战。三是毕业后，我几乎把宋史弄丢了，现在写这本书要重新熟悉宋史。难度是有的，困难是存在的，也只有硬着头皮上了，努力为之。

没有学界前辈的学术研究，这本通俗读物也是难以完成的，因为本书阅读和借鉴了不少学界前辈的研究成果。因体例限制，没有一一注释。在此，对前辈学者表示十分感谢并致以崇高的敬意！

最后，我要感谢我的家人尤其是我的妻子。感谢他们一直支持和鼓励我，默默地为我承担了很多。在写这本书的过程中，我的女儿也来到了这个可爱的世界。感谢这个小生命见证了我这本小书的诞生。

王浩禹
2021 年 3 月于昆明阳光城